Prüfungstraining

Deutsch-Test für Zuwanderer
mit Prüfungssimulator auf CD-ROM

von Dieter Maenner und
Hans-Jürgen Heringer
(Prüfungssimulator)

Cornelsen

Impressum

Prüfungstraining
Deutsch-Test für Zuwanderer

Im Auftrag des Verlages erarbeitet von Dieter Maenner

Prüfungssimulator auf CD-ROM entwickelt von Hans-Jürgen Heringer
für Hedalos GmbH

Redaktion: Barbara Kröber,
Gunther Weimann (Projektleitung)

Illustrationen: Andreas Terglane
Umschlaggestaltung: hawemannundmosch, bureau für gestaltung, Berlin
Technische Umsetzung: Andrea Päch, Berlin

Symbole

🔵 1 2   Hörtext auf CD 1, Track 2

Autor und Verlag danken der telc GmbH für ihre Beratung und für die Begutachtung des Modelltests 4. Für die CD-ROM (Prüfungssimulator) danken wir der telc GmbH für die Überlassung des Übungstests 1 und für ihre Unterstützung bei der empirischen Fundierung der automatischen Auswertung (Schreibaufgabe).

www.cornelsen.de

Die Webseiten Dritter, deren Internetadressen in diesem Lehrwerk angegeben sind, wurden vor Drucklegung sorgfältig geprüft. Der Verlag übernimmt keine Gewähr für die Aktualität und den Inhalt dieser Seiten oder solcher, die mit ihnen verlinkt sind.

1. Auflage, 6. Druck 2018

Alle Drucke dieser Auflage sind inhaltlich unverändert und können im Unterricht nebeneinander verwendet werden. Diese Ausgabe ist die unveränderte Übernahme des Titels „Prüfungstraining Deutsch-Test für Zuwanderer", die ohne Prüfungssimulator unter der ISBN 978-3-06-020374-1 vertrieben wird.

© 2011 Cornelsen Verlag, Berlin
© 2017 Cornelsen Verlag GmbH, Berlin

Das Werk und seine Teile sind urheberrechtlich geschützt.
Jede Nutzung in anderen als den gesetzlich zugelassenen Fällen bedarf der vorherigen schriftlichen Einwilligung des Verlages.
Hinweis zu den §§ 46, 52a UrhG: Weder das Werk noch seine Teile dürfen ohne eine solche Einwilligung eingescannt und in ein Netzwerk eingestellt oder sonst öffentlich zugänglich gemacht werden.
Dies gilt auch für Intranets von Schulen und sonstigen Bildungseinrichtungen.

Druck und Bindung: Livonia Print, Riga

ISBN 978-3-06-020454-0

PEFC zertifiziert
Dieses Produkt stammt aus nachhaltig bewirtschafteten Wäldern und kontrollierten Quellen.
www.pefc.de

Vorwort

Lieber Prüfungsteilnehmer, liebe Prüfungsteilnehmerin,

mit diesem Buch können Sie sich gezielt auf die Prüfung **Deutsch-Test für Zuwanderer** vorbereiten.

Die Prüfung entspricht den Niveaustufen A2–B1 des Gemeinsamen europäischen Referenzrahmens sowie dem Rahmencurriculum für Integrationskurse und ist ein Teil des Abschlusstests des Integrationskurses des BAMF.

Wenn Sie die Prüfung erfolgreich abgeschlossen haben, haben Sie damit gezeigt, dass Sie die wichtigsten Situationen des Alltags und der persönlichen Arbeitswelt auf Deutsch bewältigen können.

Das Prüfungstraining ist für das Lernen im Kurs und zu Hause geeignet.

Im ersten Teil des Prüfungstrainings stellen wir Ihnen am Beispiel eines kompletten Tests die einzelnen Teile der Prüfung ausführlich vor. Wir zeigen Ihnen Lösungswege und geben nützliche Tipps und Hinweise für die Prüfung sowie für Ihre Vorbereitung auf die einzelnen Prüfungsteile. Am Ende jeder Einheit dieses Teils bieten wir den Lehrkräften Vorschläge für die Vorbereitung auf die Prüfung im Kurs.

Im Wortschatztraining können Sie den Wortschatz der Handlungsfelder üben, die für den **Deutsch-Test für Zuwanderer** wichtig sind. Die Auswahl des Wortschatzes orientiert sich an der Testbeschreibung „Deutsch-Test für Zuwanderer A2–B1, Prüfungsziele/Testbeschreibung" (telc GmbH / Goethe-Institut e.V., 2009).

Im letzten Teil des Buches finden Sie drei weitere Tests, mit denen Sie die Prüfung unter Prüfungsbedingungen üben können.

Zum Trainingsmaterial gehören außerdem zwei Audio-CDs mit den Hörtexten zu allen Hörverstehensaufgaben sowie ein Einleger mit den Transkripten aller Hörtexte. Im Einleger finden Sie auch Beispiele für die mündliche Prüfung sowie den Lösungsschlüssel.

Als zusätzliches Trainingsmaterial bietet der Band einen Prüfungssimulator auf CD-ROM mit einem weiteren Modelltest (Hören, Lesen und Schreiben). Sie erhalten per Mausklick eine direkte Rückmeldung und Auswertung. Der Test bietet sich zum mehrfachen Üben an.

Der Verlag und der Autor wünschen Ihnen viel Spaß und Erfolg bei der Vorbereitung auf die Prüfung und natürlich bei der Prüfung selbst!

Inhalt

Deutsch-Test für Zuwanderer: Die Prüfungsteile

1 Modelltest 1 – Schritt für Schritt

Hören	Übersicht	7
	Teil 1	8
	Teil 2	11
	Teil 3	14
	Teil 4	17
	Vorbereitung im Kurs	21
Lesen	Übersicht	22
	Teil 1	23
	Teil 2	27
	Teil 3	31
	Teil 4	36
	Teil 5	39
	Vorbereitung im Kurs	41
Schreiben	Übersicht	42
	Kurzmitteilung	42
	Vorbereitung im Kurs	48
Sprechen	Übersicht	49
	Teil 1	50
	Teil 2	53
	Teil 3	57
	Vorbereitung im Kurs	61

2 Wortschatztraining

Informationen zur Person	62
Wohnen	64
Arbeit	66
Arbeitssuche	69
Mediennutzung	71
Mobilität	73
Gesundheit	75
Aus- und Weiterbildung	77
Betreuung und Ausbildung der Kinder	79
Einkaufen	81
Essen und Trinken	83
Ämter und Behörden	85
Banken, Post und Versicherungen	87
Wetter und Umwelt	89
Sprachenlernen	90

Inhalt

3	**Zum Ablauf der Prüfung**		91
4	**Modelltest 2**	Hören 1–4	92
		Lesen 1–5	96
		Schreiben	105
		Sprechen 1–3	106
5	**Modelltest 3**	Hören 1–4	110
		Lesen 1–5	114
		Schreiben	123
		Sprechen 1–3	124
6	**Modelltest 4**	Hören 1–4	128
		Lesen 1–5	132
		Schreiben	141
		Sprechen 1–3	142
	Anhang		
		Antwortbogen	146
		Wegweiser zum Modelltest	148
		Quellen (Bildquellen; Textquellen)	149
		Inhalt der Audio-CDs	150

Die Prüfungsteile

Deutsch-Test für Zuwanderer: Die Prüfungsteile

In der Prüfung werden Hören, Lesen, Schreiben und Sprechen geprüft.

Testteil	Aufgabe	Zeit
Hören		**25 Min.**
Hören 1	Ansagen und Durchsagen (im Bahnhof/Kaufhaus, am Telefon etc.) verstehen	
Hören 2	Kurze Informationen (Wetterberichte, Verkehrshinweise etc.) in den Medien verstehen	
Hören 3	Alltagsgespräche verstehen	
Hören 4	Verschiedene Meinungen zu einem Thema in Umfragen und Interviews verstehen	
Lesen		**45 Min.**
Lesen 1	Kataloge, Verzeichnisse, Übersichten verstehen	
Lesen 2	In Anzeigen Einzel- und Hauptinformationen verstehen	
Lesen 3	Zeitungsartikel und formelle Mitteilungen verstehen	
Lesen 4	Informationstexte zu Produkten, Veranstaltungen etc. verstehen	
Lesen 5	Einen Brief verstehen und Wörter ergänzen	
Schreiben		**30 Min.**
	Eine Kurzmitteilung schreiben	
Mündliche Prüfung		**ca. 16 Min.**
Sprechen 1	Über sich sprechen, sich vorstellen Auf Nachfragen reagieren	
Sprechen 2	Über Erfahrungen sprechen Auf Nachfragen reagieren	
Sprechen 3	Gemeinsam etwas planen (Gespräch mit einem anderen Prüfungsteilnehmer/einer anderen Prüfungsteilnehmerin)	

Hören

Übersicht

Hören: Übersicht

Der Prüfungsteil Hören besteht aus vier Teilen.

Teil 1

Textsorte: vier kurze Ansagen (Telefonansagen, Lautsprecherdurchsagen)

Aufgabe: Sie sollen bestimmte Informationen erkennen und verstehen. Zu jedem Hörtext gibt es eine Aufgabe mit drei Lösungen. Sie sollen entscheiden, welche Lösung (a, b oder c) die richtige ist.

Teil 2

Textsorte: fünf kurze Texte (Wetterberichte, Nachrichten, Verkehrsmeldungen, Programm- und Veranstaltungshinweise) aus dem Radio

Aufgabe: Sie sollen die Hauptaussagen der Texte erkennen und verstehen. Zu jedem Hörtext gibt es eine Aufgabe mit drei Lösungen. Sie sollen entscheiden, welche Lösung (a, b oder c) die richtige ist.

Teil 3

Textsorte: vier kurze Gespräche (beruflich oder privat)

Aufgabe: Sie sollen bei jedem Gespräch die Situation erkennen (richtig/falsch-Aufgabe) und die richtige Einzelheit aus dem Hörtext markieren (a, b oder c).

Teil 4

Textsorte: eine kurze Radiosendung (Umfrage)

Aufgabe: Sie hören verschiedene Aussagen zu einem Thema und lesen dazu Sätze. Sie sollen entscheiden, welcher Satz zu welcher Aussage passt.

Alle Hörtexte werden mit kurzen Pausen nacheinander vorgespielt. Sie haben vor dem Hören Zeit, die Aufgabe zu lesen: in den Teilen 1–3 immer zehn Sekunden, im Teil 4 eine Minute. Dann hören Sie den Text. Danach haben Sie zehn Sekunden Zeit, die richtige Lösung zu markieren.

Zeit: Der ganze Prüfungsteil Hören dauert 25 Minuten.

Bewertung: Für jede richtige Lösung gibt es einen Punkt. In diesem Prüfungsteil können Sie maximal 20 Punkte bekommen.

Wichtig: Sie dürfen während des ganzen Prüfungsteils kein Wörterbuch und kein anderes Hilfsmittel (z. B. Mobiltelefon) benutzen.

1 Hören

Teil 1

Hören Teil 1

In diesem Prüfungsteil wird geprüft, ob Sie die wichtigsten Informationen in Ansagen verstehen können.

Was sollen Sie tun?

Sie hören Telefonansagen und Durchsagen (z. B. im Kaufhaus, Zug oder auf dem Flughafen). Zu jedem Hörtext gibt es eine Aufgabe mit nur einer richtigen Lösung. Welche Lösung ist richtig: a, b oder c?

Wichtig: Sie hören jeden Text nur einmal.

Lösen Sie zur Vorbereitung auf diesen Prüfungsteil die folgenden Aufgaben.

1 a Lesen Sie die Aufgabe. Unterstreichen Sie die Wörter, die wichtig für die Lösung sein könnten.

<u>Was</u> sollen Sie <u>tun</u>?

- **a** Das Auto vorbeibringen.
- **b** Das Auto abholen.
- **c** Ersatzteile bestellen.

1 b Hören Sie die Ansage und lösen Sie die Aufgabe. Welche Lösung (a, b oder c) passt am besten? Markieren Sie.

◯ ◯ ◯
a b c

Überprüfen Sie Ihre Lösung mit dem Lösungsheft.

Die nächste Aufgabe entspricht der Aufgabenstellung bei der Prüfung. Der passende Teil des Antwortbogens ist unten rechts auf der Seite abgebildet. Versuchen Sie, die Aufgabe zu lösen. Arbeiten Sie ohne Wörterbuch.

Alle Hörtexte werden mit kurzen Pausen nacheinander vorgespielt. Sie haben vor jedem Hörtext ca. zehn Sekunden Zeit, die Aufgabe zu lesen. Dann hören Sie den Text. Danach haben Sie zehn Sekunden Zeit, die richtige Lösung zu markieren.

Hören

Teil 1

 2 Sie hören vier Ansagen. Zu jeder Ansage gibt es eine Aufgabe. Welche Lösung (a, b oder c) passt am besten?
Markieren Sie Ihre Lösungen für die Aufgaben 1–4 auf dem Antwortbogen.

Beispiel:

Ihr Internet-Anschluss funktioniert nicht. Was sollen Sie tun?

a   Die Taste 1 drücken.
b   Die Taste 2 drücken.
c   Die Taste 3 drücken.

1   Sie wollen zum Flughafen. Von welchem Gleis müssen Sie fahren?

    a   Von Gleis 10.
    b   Von Gleis 12.
    c   Von Gleis 8.

2   Was soll Frau Arias tun?

    a   Herrn Bauer anrufen.
    b   Morgen vorbeikommen.
    c   Frau Maas anrufen.

3   Wann ist der nächste Deutschkurs?

    a   Am Mittwoch.
    b   Am Donnerstag.
    c   Am Freitag.

4   Was soll Herr Aslan machen?

    a   Zum Hausarzt gehen.
    b   Eine Überweisung vorbeibringen.
    c   Einen Termin ausmachen.

1 Antwortbogen Hören

Teil 1

1 ◯ ◯ ◯
   a b c
2 ◯ ◯ ◯
   a b c
3 ◯ ◯ ◯
   a b c
4 ◯ ◯ ◯
   a b c

Kontrollieren Sie Ihre Lösungen mit dem Lösungsheft. Wie war Ihr Ergebnis? Womit hatten Sie Schwierigkeiten?

Im Folgenden möchten wir die Aufgabe an einem Beispiel erklären und Schritte zur Lösung zeigen.

1 Hören

Teil 1

Schritt 1: Die Aufgabe lesen, wichtige Wörter unterstreichen

Lesen Sie die Situation und die Aufgaben noch einmal. Unterstreichen Sie die wichtigsten Wörter.

Beispiel:

Ihr <u>Internet-Anschluss funktioniert nicht</u>. <u>Was</u> sollen Sie <u>tun</u>?
- **a** Die <u>Taste 1 drücken</u>.
- **b** Die Taste 2 drücken.
- **c** Die Taste 3 drücken.

Das Unterstreichen hilft Ihnen zu verstehen, auf was Sie beim Hören achten müssen. Wichtige Wörter können sein: Namen, Orte, Wochentage oder Verben, die sagen, was man tut.

Dafür haben Sie zehn Sekunden Zeit.

Schritt 2: Den Hörtext hören, auf die unterstrichenen Wörter achten

Hören Sie nun den Hörtext und achten Sie auf die Wörter, die Sie in der Aufgabe unterstrichen haben. Lesen Sie zum Üben den Hörtext und unterstreichen Sie die Wörter, die passen.

„Kunden-Hotline der Internet AG 1plus. Wir helfen Ihnen gerne. Für Fragen zu unseren Tarifen … drücken Sie bitte die 1, für Fragen zu Ihrer Rechnung die 2, für <u>technische Hilfe</u> … die 3 …"

TIPP *Sie müssen nicht jedes Wort in diesem Hörtext verstehen, um die Aufgabe lösen zu können.*

In der Aufgabe heißt es „Internet-Anschluß funktioniert nicht". Dazu passt „technische Hilfe" im Hörtext.

Schritt 3: Die Lösung finden und markieren

Entscheiden Sie sich für eine Lösung und markieren Sie sie auf dem Antwortbogen mit einem weichen Bleistift.

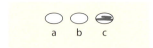

Die richtige Lösung ist c: Die Taste 3 drücken.

TIPP *Markieren Sie auf jeden Fall eine Lösung. Da Sie einen Bleistift verwenden, können Sie falsche Lösungen wieder ausradieren und korrigieren.*

Dazu haben Sie wieder zehn Sekunden Zeit. Dann hören Sie einen Gong, und die nächste Aufgabe beginnt.

Schritt 4: Bei den nächsten Texten genauso vorgehen

Konzentrieren Sie sich sofort auf die nächste Aufgabe. Sie haben wieder zehn Sekunden Zeit, die Aufgabe zu lesen und wichtige Wörter zu unterstreichen. Dann hören Sie den nächsten Hörtext.

Hören Teil 2

In diesem Prüfungsteil wird geprüft, ob Sie die Hauptaussagen kurzer Hörtexte verstehen können.

Was sollen Sie tun?

Sie hören Mitteilungen im Radio zum Wetter und zum Straßenverkehr (Verkehrshinweise) oder Programm- und Veranstaltungshinweise. Zu jedem Hörtext gibt es eine Aufgabe. Welche Lösung ist richtig: a, b oder c?

Wichtig: Sie hören jeden Text nur einmal.

Lösen Sie zur Vorbereitung auf diesen Prüfungsteil die folgenden Aufgaben.

1 In welche Rubrik gehören die Sätze? Ordnen Sie die Nummern zu.

Nachrichten: Wetterbericht: Verkehrsmeldung: Veranstaltungen: Programmhinweis:

_____   _____   _____   _____   _____

(1) Achtung Autofahrer. Auf der A 3 zwischen Frankfurt–Würzburg 4 km Stau wegen Unfall. Fahren Sie langsam, äußerst rechts und überholen Sie nicht.

(2) Die Aussichten: Ab morgen in ganz Deutschland steigende Temperaturen und viel Sonne.

(3) Das Neueste vom Tage: Bundeskanzlerin Merkel auf Besuch in der Türkei …

(4) Toyota ruft nach schweren Unfällen Millionen PKW zurück. Aktuelle Informationen im Magazin „Plusminus" heute abend um 20.15 Uhr.

(5) Die Nacht der Museen, dieses Jahr am 24. April. Eintrittskarten unter 0162 4566721.

2 a Lesen Sie die Aufgabe und unterstreichen Sie die Wörter, die wichtig für die Lösung sein könnten.

Was hören Sie?

a   Den Wetterbericht.
b   Eine Verkehrsmeldung.
c   Die Nachrichten.

 2 b Hören Sie die Ansage und lösen Sie die Aufgabe. Welche Lösung (a, b oder c) passt am besten?

Kontrollieren Sie Ihre Lösung mit dem Lösungsheft.

Die nächste Aufgabe entspricht der Aufgabenstellung bei der Prüfung. Versuchen Sie, die Aufgabe zu lösen. Arbeiten Sie ohne Wörterbuch.

1 Hören
Teil 2

 3 Sie hören fünf Ansagen aus dem Radio. Zu jeder Ansage gibt es eine Aufgabe. Welche Lösung (a, b oder c) passt am besten?
Markieren Sie Ihre Lösungen für die Aufgaben 5–9 auf dem Antwortbogen.

5 Wie ist das Wetter nächste Woche?
- **a** Es wird sonnig und heiß.
- **b** Es wird kälter.
- **c** Es wird starke Gewitter geben.

6 Wie kann man heute Nachmittag zum Hauptbahnhof kommen?
- **a** Mit der U- oder S-Bahn.
- **b** Mit dem Auto.
- **c** Mit der Straßenbahn oder dem Bus.

7 Was gibt es heute Abend im Radio?
- **a** Einen Krimi.
- **b** Eine Musiksendung.
- **c** Eine Sendung aus Wirtschaft und Politik.

8 Welche Probleme gibt es auf der A 8?
- **a** Bauarbeiten.
- **b** Einen Unfall.
- **c** Lange Staus.

9 In der Sendung „Tipps für Patienten"
- **a** geht es um günstige Kassenbeiträge.
- **b** gibt es Informationen zum Bonusheft.
- **c** werden neue Zahnbehandlungen vorgestellt.

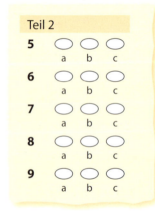

Kontrollieren Sie Ihre Lösungen mit dem Lösungsheft. Wie war Ihr Ergebnis? Womit hatten Sie Schwierigkeiten?

Im Folgenden möchten wir die Aufgabe an einem Beispiel erklären und Schritte zur Lösung zeigen.

Hören

Teil 2

👣 Schritt 1: Die Aufgabe lesen, wichtige Wörter unterstreichen

Lesen Sie die Aufgabe genau durch: Worum geht es? Unterstreichen Sie die wichtigen Wörter.

Dazu haben Sie zehn Sekunden Zeit.

Beispiel:

5   Wie ist das <u>Wetter</u> <u>nächste Woche</u>?

    a   Es wird sonnig und heiß.
    b   Es wird kälter.
    c   Es wird starke Gewitter geben.

👣 Schritt 2: Den Hörtext hören, auf die unterstrichenen Wörter achten

🔊 1 | 8 **Hören Sie den Text aus dem Radio. Unterstreichen Sie im abgedruckten Hörtext die Aussagen zur nächsten Woche.**

Welche Lösung ist richtig, welche Lösungen sind falsch?

Aufgabe:	Hörtext:
nächste Woche:	
a sonnig und heiß:	„Freitag: ein schöner, sonniger Tag … bis zu 30 Grad
b kälter:	nächste Woche: sinkende Temperaturen und nur wenig Sonne
c starke Gewitter:	am Wochenende: Wärmegewitter"

Für nächste Woche sagt der Hörtext sinkende Temperaturen voraus. Das bedeutet: Es wird kälter.

Die richtige Antwort ist b.

👣 Schritt 3: Die Lösung markieren

Markieren Sie nun die richtige Lösung.

Dazu haben Sie wieder zehn Sekunden Zeit.

Dann hören Sie einen Gong und die nächste Aufgabe beginnt.

👣 Schritt 4: Bei den nächsten Texten genauso vorgehen

Konzentrieren Sie sich jetzt sofort auf die nächste Aufgabe. Sie haben wieder zehn Sekunden Zeit, die Aufgabe zu lesen und wichtige Wörter zu markieren.

> **TIPP** *In Hören Teil 2 gibt es immer einen Wetterbericht und eine Verkehrsmeldung.*

1 Hören

Teil 3

Hören Teil 3

In diesem Prüfungsteil wird geprüft, ob Sie Hauptaussagen und Einzelheiten in Gesprächen verstehen können.

Was sollen Sie tun?

Sie hören vier kurze Gespräche aus dem persönlichen oder beruflichen Bereich, z. B. auf der Straße, bei der Arbeit, in der Schule oder auch auf einem Amt.

Sie sollen zu jedem Hörtext zwei Aufgaben lösen:

1. Sie bekommen eine Aussage zu einer Situation. Sie sollen entscheiden: Ist die Aussage richtig oder falsch?

2. Sie hören einen Hörtext und sollen die richtige Einzelheit aus dem Gespräch erkennen: Was ist richtig, a, b oder c?

Wichtig: Sie hören jeden Text nur einmal.

Lösen Sie zur Vorbereitung auf diesen Prüfungsteil die folgenden Aufgaben.

1 Hören Sie das Gespräch und lesen Sie die beiden Aussagen. Markieren Sie „richtig" oder „falsch".

1. Eine Frau möchte eine Monatskarte.   ○ richtig ○ falsch
2. Ein Mann kontrolliert Fahrkarten.   ○ richtig ○ falsch

2 Hören Sie das Gespräch noch einmal und lesen Sie die Aussagen. Welche Aussage ist richtig, a oder b? Markieren Sie.

1. Der Mann   a arbeitet sechs Tage in der Woche.   ○ a ○ b
               b braucht eine Monatskarte von Montag bis Freitag.

2. Die Frau   a verkauft Fahrkarten.   ○ a ○ b
               b weiß noch nicht, welche Karte die richtige ist.

Kontrollieren Sie Ihre Lösung mit dem Lösungsheft.

Die nächste Aufgabe entspricht der Aufgabenstellung bei der Prüfung. Versuchen Sie, die Aufgabe zu lösen. Arbeiten Sie ohne Wörterbuch.

Hören

Teil 3

🔊 10-15 **3** Sie hören vier Gespräche. Zu jedem Gespräch gibt es zwei Aufgaben. Entscheiden Sie bei jedem Gespräch, ob die Aussage dazu richtig oder falsch ist und welche Antwort (a, b oder c) am besten passt.
Markieren Sie Ihre Lösungen für die Aufgaben 10–17 auf dem Antwortbogen.

Beispiel:

Frau Schneider und Herr Bauer arbeiten in derselben Firma.   ●richtig ○falsch

Was macht Frau Schneider heute?   ○a ●b ○c

- a Sie arbeitet länger.
- b Sie geht zum Arzt.
- c Sie spricht mit dem Chef.

10 Sonja und ihr Mann haben eine neue Wohnung gemietet.

11 Die neue Wohnung
- a ist teurer als die alte, hat aber mehr Quadratmeter.
- b hat keine Küche.
- c ist auf dem Land.

12 Frau Schmidt möchte ein Konto eröffnen.

13 Was fragt sie den Bankangestellten?
- a Ob es in der Müllerstraße auch eine Bank gibt.
- b Ob Bankgeschäfte im Internet sicher sind.
- c Ob sie für Überweisungsformulare etwas bezahlen muss.

14 Anette und Claudia planen ein Hoffest.

15 Was sind die Pläne der Hausbewohner?
- a Sie wollen den Hinterhof schöner machen.
- b Sie wollen jeden Monat feiern.
- c Sie wollen auch die neuen Nachbarn einladen.

16 Frau Klein und Frau Maier sprechen über einen neuen Mitarbeiter.

17 Beide Kolleginnen
- a mögen Herrn Funke nicht besonders.
- b haben Angst vor Konflikten.
- c finden Arbeit im Team wichtig.

Teil 3		
10 richtig falsch		
11 a b c		
12 richtig falsch		
13 a b c		
14 richtig falsch		
15 a b c		
16 richtig falsch		
17 a b c		

Kontrollieren Sie Ihre Lösungen mit dem Lösungsheft. Wie war Ihr Ergebnis?
Womit hatten Sie Schwierigkeiten?

Im Folgenden möchten wir die Aufgabe an einem Beispiel erklären und Schritte zur Lösung zeigen.

1 Hören

Teil 3

👣 Schritt 1: Die Aufgabe lesen, wichtige Wörter unterstreichen

Lesen Sie beide Teile der Aufgabe und unterstreichen Sie die wichtigen Wörter.

Beim ersten Teil der Aufgabe fragen Sie sich: Was ist das Thema? Wie ist die Situation? Wer tut was?
Beim zweiten Teil der Aufgabe ist die Frage: Was wird genau gesagt? Sie hören den Hörtext nur einmal.

Dazu haben Sie zehn Sekunden Zeit.

Beispiel:

1 Frau Schneider und Herr Bauer arbeiten in derselben Firma. ⃝ richtig   ⃝ falsch

2 Was macht Frau Schneider heute?   ⃝ a ⃝ b ⃝ c
   a Sie arbeitet länger.
   b Sie geht zum Arzt.
   c Sie spricht mit dem Chef.

👣 Schritt 2: Das Gespräch hören, auf die unterstrichenen Wörter achten

 Hören Sie jetzt das Gespräch. Welche der unterstrichenen Wörter hören Sie?

Im Hörtext hört man z. B. die Namen Frau Schneider und Herr Bauer und die Wörter „Arzt", „Arbeit fertigmachen" „und " „dem Chef Bescheid sagen". Sie hören auch „länger arbeiten".

Nun müssen Sie aufpassen, ob die Aussage im Hörtext zur Aufgabe 1 passt, und welche Lösung a, b oder c richtig ist.

Vergleichen Sie:

1. Herr Bauer will Arbeit von Frau Schneider übernehmen und „auch dem Chef Bescheid" sagen. Herr Bauer und Frau Schneider arbeiten also in derselben Firma.

2. Und was macht Frau Schneider? Ihr „geht's nicht gut." Herr Bauer rät ihr, zum Arzt zu gehen, und sie folgt diesem Rat. Sie geht also zum Arzt.
    Nicht Frau Schneider, sondern Herr Bauer arbeitet deswegen länger und spricht auch mit dem Chef.

👣 Schritt 3: Die Lösungen markieren

Markieren Sie Ihre Antworten zu beiden Teilen: Ist die Aussage richtig oder falsch? Und: Welches Detail stimmt: a, b oder c?

Dazu haben Sie wieder zehn Sekunden Zeit.

👣 Schritt 4: Bei den nächsten Gesprächen genauso vorgehen

> **TIPP** *Die erste Aufgabe ist meistens einfacher zu lösen. Auch wenn Sie für die Lösung der zweiten Aufgabe keine Zeit hatten, markieren Sie auf jeden Fall etwas.*

Hören

Teil 4

Hören Teil 4

In diesem Prüfungsteil zeigen Sie, dass Sie unterschiedliche Meinungen zu einem Alltagsthema verstehen können.

Sie hören im Radio eine Umfrage zu einem Thema. Am Anfang hören Sie eine kurze Einleitung, danach die Aussagen von vier Personen zu dem Thema. Sie sollen entscheiden, welcher Satz (a–f) zu welcher Aussage (18, 19, 20) passt.

Was sollen Sie tun?

Sie lesen zuerst die Sätze genau. Unterstreichen Sie wichtige Wörter. Sie haben dafür eine Minute Zeit. Hören Sie dann die Einleitung und die Aussagen. Sie sollen die Sätze den richtigen Aussagen zuordnen. Eine Aussage und ein Satz sind bereits für das Beispiel verwendet worden. Sie müssen also nur noch drei Sätze den Aussagen 18, 19 und 20 zuordnen, zwei Sätze passen nicht.

Zwischen den einzelnen Gesprächsbeiträgen haben Sie immer zehn Sekunden Zeit.

Wichtig: Sie hören alle Texte nur einmal.

Lösen Sie zur Vorbereitung auf diesen Prüfungsteil die folgenden Aufgaben.

1 Lesen Sie die Sätze 1–3. Was ist in jedem Satz das Thema? Notieren Sie.

1. Man sollte das Auto öfter stehen lassen.   *weniger Autofahren*
2. Energiesparlampen sparen Strom.   ....
3. Man sollte weniger Wasser verbrauchen.   ....

 2 Hören Sie zwei Texte und lesen Sie die Themen a und b. Welches Thema gehört zu welchem Hörtext? Markieren Sie.

Thema: a Neue Medien   Hörtext: 1. ◯ ◯
                                                a   b
        b Umweltschutz   2. ◯ ◯
                                                a   b

Die nächste Aufgabe entspricht der Aufgabenstellung bei der Prüfung. Versuchen Sie, die Aufgabe zu lösen. Arbeiten Sie ohne Wörterbuch.

Die Aussagen werden mit kurzen Pausen nacheinander vorgespielt. Sie haben vor dem Hören eine Minute Zeit, alle Sätze zu lesen. Dann hören Sie die Aussagen. Nach jeder Aussage haben Sie zehn Sekunden Zeit, die richtige Lösung zu markieren.

1 Hören

Teil 4

 17-22 **3** Sie hören Aussagen zu einem Thema. Welcher der Sätze a–f passt zu den Aussagen 18–20? Markieren Sie Ihre Lösungen für die Aufgaben 18–20 auf dem Antwortbogen.
Lesen Sie jetzt die Sätze a–f. Dazu haben Sie eine Minute Zeit.
Danach hören Sie die Aussagen.

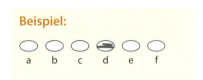

18 …

19 …

20 …

a   Regelmäßig Sport treiben ist wichtiger als gesunde Ernährung.

b   Gesund leben kann man nur, wenn man viel Geld hat.

c   Wenig Stress und viel Ruhe sind gut für die Gesundheit.

~~d~~   Lebensmittel aus der Region sind frischer.

e   Spaß und Freude halten auch gesund.

f   Es ist gut, dass die Preise für viele Bio-Produkte gesunken sind.

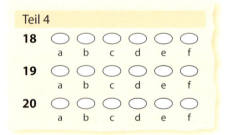

Kontrollieren Sie Ihre Lösungen mit dem Lösungsheft.
Wie war Ihr Ergebnis? Womit hatten Sie Schwierigkeiten?

Im Folgenden möchten wir die Aufgabe an einem Beispiel erklären und Schritte zur Lösung zeigen.

Hören

Teil 4

Schritt 1: Die Sätze lesen, wichtige Wörter unterstreichen

Lesen Sie zuerst die Sätze in der Aufgabe. Was ist das Thema bei jedem Satz? Unterstreichen Sie die wichtigen Wörter.

Bei dieser Aufgabe lesen Sie zuerst alle Sätze hintereinander. Dazu haben Sie eine Minute Zeit.

Ein Satz ist markiert: Er ist schon für das Beispiel verwendet worden. Fünf Sätze bleiben übrig. Sie müssen sie drei Aussagen aus dem Hörtext zuordnen.

Drei Sätze passen, die anderen zwei passen zu keiner Aussage im Hörtext.

> **TIPP** *Streichen Sie den Beispielsatz durch. So müssen Sie nur noch fünf Sätze beachten.*

Alle Sätze enthalten Aussagen zu einem gemeinsamen Thema.

Sie müssen zuerst alle Sätze genau lesen und die Hauptaussage in jedem Satz verstehen. Um was geht es im Satz? Und was wird genau dazu gesagt?

Unterstreichen Sie die wichtigsten Wörter.

- a   Regelmäßig Sport treiben ist wichtiger als gesunde Ernährung.
- b   Gesund leben kann man nur, wenn man viel Geld hat.
- c   Wenig Stress und viel Ruhe sind gut für die Gesundheit.
- ~~d~~   Lebensmittel aus der Region sind frischer.
- e   Spaß und Freude halten auch gesund.
- f   Es ist gut, dass die Preise für viele Bio-Produkte gesunken sind.

Manche Sätze haben ähnliche Wörter oder ein ähnliches Thema, aber ihre Bedeutung ist verschieden. Achten Sie deshalb beim Lesen und Unterstreichen darauf, dass Sie die Hauptaussage genau verstehen.

Beispiel:

In Satz b steht, dass man „viel Geld" braucht, um gesund zu leben: Es ist teuer.

Auch in Satz f geht es um Geld: „Preise". Dort heißt es, dass „die Preise für viele Bio-Produkte gesunken" sind. Das bedeutet: Bio-Produkte sind nicht mehr so teuer wie früher.

Die Sätze b und f passen also thematisch zusammen. Ihre Bedeutung ist aber sehr verschieden.

Wenn Sie die Aussage verstanden und die wichtigsten Wörter unterstrichen haben, können Sie beim Hören schnell erkennen, ob Hörtext und Satz zusammenpassen oder nicht.

1 Hören

Teil 4

👣 Schritt 2: Den Hörtext hören, auf Thema und Aussagen achten

 Hören Sie den ersten Teil des Hörtexts mit der Einleitung, dem Beispiel und der Aufgabe 18. Was sagt die Person in der Aufgabe 18? Vergleichen Sie die Hauptaussagen im Hörtext und in den Sätzen. Ordnen Sie zu.

Hören Sie zuerst, was der Interviewer oder die Interviewerin zum Thema sagt. Dann folgt das Beispiel. Achten Sie darauf, um welches Thema es geht. Hören Sie dann die Aussage in 18. Achten Sie darauf, was der Sprecher oder die Sprecherin genau zu dem Interviewthema sagt.

Wenn die erste Aussage zuende gesprochen ist, haben Sie zehn Sekunden Zeit.
Suchen Sie jetzt den Satz, der zu der Aussage am besten passt.

Die unterstrichenen Wörter helfen Ihnen. Achten Sie aber nicht nur auf gleiche Wörter. Meist werden für Inhalte, die zusammenpassen, unterschiedliche Wörter benutzt.

Beispiel:

In Aussage 18 geht es um Preise für Bio-Produkte. Dazu passen die Sätze b und f.

In Satz b ist die Aussage: Gesund essen ist teuer. Satz f bedeutet: Bio-Produkte sind nicht mehr teuer. Was sagt Aussage 18 dazu: Sind Bio-Produkte teuer oder nicht? Und wie wird dies in Aussage 18 formuliert?

Im Hörtext heißt es:

„Heute gibt es biologische Produkte in jedem Supermarkt. Und man kann sie auch bezahlen."

Das bedeutet: Sie sind nicht teuer. Also ist Satz f richtig.

👣 Schritt 3: Die Lösung auf dem Antwortbogen markieren

Wenn Aussage und Satz zusammenpassen, haben Sie eine Lösung gefunden. Markieren Sie diese.

👣 Schritt 4: Bei den Aussagen Nummer 19 und 20 genauso vorgehen

Hören Sie die Aussagen 19 und 20 und ordnen Sie die richtigen Sätze zu.

Sie haben jedes Mal zehn Sekunden Zeit.

Hören

Vorbereitung im Kurs 1

Vorbereitung auf den Prüfungsteil Hören im Kurs

Teil 1 und 2

Arbeiten Sie in Gruppen. Sammeln Sie zu den folgenden Situationen wichtige Wörter und Sätze wie in den Beispielen unten. Jede Gruppe bearbeitet drei Situationen. Hängen Sie die Listen im Kurs aus. Sie können sie auch für alle kopieren.

1. Ansagen im Bahnhof / im Zug
2. Ansagen in U-Bahnen, Bussen und Straßenbahnen
3. Ansagen im Supermarkt / im Kaufhaus/Warenhaus
4. Nachrichten auf dem Anrufbeantworter (Terminvorschlag, Terminabsage, Terminänderung)
5. Nachrichten/Ansagen auf dem Anrufbeantworter eines Arztes
6. Wegbeschreibung auf dem Anrufbeantworter
7. Wetterbericht im Radio
8. Verkehrsmeldungen im Radio
9. Programmhinweise im Radio
10. Veranstaltungshinweise im Radio

Ansagen im Bahnhof / im Zug

Ankunft, Abfahrt, Verspätung, ICE, Bahnsteig/Gleis ...

Der ICE nach Berlin hat 20 Minuten Verspätung. Abfahrt heute von Gleis 3 ...

Verkehrsmeldungen im Radio

Autobahn, Unfall, Stau, Umleitung, ...

Vorsicht Autofahrer! Auf der A 8 hat es einen Unfall gegeben ...

Wetterbericht im Radio

Wetter am Morgen/Abend/ am Wochenende Temperaturen am Tag/in der Nacht, Regen, ...

Und hier die Wettervorhersage für das Wochenende. ... fällt örtlich Regen. Morgen ist es bewölkt ...

 Achten Sie auf Ansagen und Durchsagen, wenn Sie in der U-Bahn, am Bahnhof oder im Kaufhaus sind. Haben Sie ein Handy, mit dem Sie aufnehmen können? Nehmen Sie die Ansagen auf. Üben Sie gemeinsam, wichtige Wörter und Sätze zu verstehen, und notieren Sie die Sätze.

Teil 3 und 4

Hören Sie im Radio Nachrichten auf Deutsch.

Am Anfang werden die Hauptpunkte aus den Nachrichten gesagt (Nachrichtenüberblick). Danach kommen die Punkte im Einzelnen.

Hören Sie den Nachrichtenüberblick. Notieren Sie zu einer Meldung: Was ist die Situation? Worum geht es in der Nachricht?

Überprüfen Sie sich beim weiteren Hören der Nachrichten: Haben Sie die Situation richtig erkannt?

Vergleichen Sie Ihre Notizen im Kurs.

1 Lesen

Übersicht

Lesen: Übersicht

Der Prüfungsteil Lesen besteht aus fünf Teilen.

Teil 1

Textsorte: ein Listentext (z. B. eine Kaufhaustafel) mit fünf Aufgaben

Aufgabe: Sie sollen eine Situation verstehen und die richtige Information in dem Text finden.

Teil 2

Textsorte: acht Anzeigentexte mit fünf Aufgaben/Situationen

Aufgabe: Sie sollen eine Situation verstehen und dazu in den Anzeigen bestimmte Informationen finden. Sie sollen entscheiden, welche Anzeige zu welcher Situation passt.

Teil 3

Textsorte: drei Texte (z. B. kurze Zeitungsartikel, Mitteilungen oder Notizen) mit jeweils zwei Aufgaben

Aufgabe: Sie sollen Hauptinformationen (richtig, falsch) und Einzelinformationen (a, b, c) in längeren Mitteilungen (z. B. Meldungen, Briefen, Aushängen) finden und verstehen.

Teil 4

Textsorte: ein längerer Text (z. B. eine Gebrauchsanweisung) mit drei Aufgaben

Aufgabe: Sie sollen Hauptinformationen und Anweisungen in einem längeren Text finden und verstehen. Sie sollen bei jeder Aufgabe entscheiden, ob eine Aussage richtig oder falsch ist.

Teil 5

Textsorte: ein formeller Brief mit sechs Lücken

Aufgabe: Sie sollen einzelne Wörter in einem Brief ergänzen. Zu jeder Lücke im Text gibt es drei Lösungen. Sie sollen entscheiden, welche Lösung die richtige ist.

Zeit: Sie bekommen den Prüfungsteil Lesen zusammen mit dem Prüfungsteil Schreiben. Für den Teil Lesen haben Sie 45 Minuten Zeit.

Bewertung: Für jede richtige Lösung gibt es einen Punkt. In diesem Prüfungsteil können Sie maximal 25 Punkte bekommen.

Wichtig: Wörterbücher und andere Hilfsmittel, z. B. Handys, sind nicht erlaubt.

Lesen

Teil 1

Lesen Teil 1

In diesem Prüfungsteil zeigen Sie, dass Sie aus einem Listentext die passenden Informationen heraussuchen können.

Was sollen Sie tun?

Sie sollen in einem Listentext zu fünf Situationen die passende Information, Adresse oder Sache finden. Listentexte können sein: ein Auszug aus einem Katalog (auch aus dem Internet), eine Tafel im Kaufhaus/Warenhaus/Baumarkt, ein Wegweiser in einem Behördenzentrum.

Lösen Sie zur Vorbereitung die folgenden Aufgaben:

1 Sie haben eine neue Wohnung und möchten sich anmelden. Wohin gehen Sie? Lesen Sie die Übersicht und markieren Sie.

◯ zum Wohnungsamt ◯ zur Meldestelle ◯ zum Sozialamt

BÜRGERAMT

3. Stock	**Wohnungsamt** Zimmer 301–305	Wohngeld – Wohnungsvermittlung – Wohnberatung
2. Stock	**Meldestelle** Zimmer 201–205	An,- Ab- und Ummeldungen – Lohnsteuerkarten – Passangelegenheiten – Beglaubigungen
1. Stock	**Sozialamt** Zimmer 101–105	Kinder- und Jugendeinrichtungen – Sozialhilfe, Grundsicherung

2 Sie möchten eine Tiersendung im Fernsehen sehen. Welchen Sender müssen Sie einschalten? Lesen Sie die Übersicht und markieren Sie.

◯ ARD ◯ ZDF ◯ RTL ◯ hr fernsehen

ARD		**ZDF**		**RTL**		**hr fernsehen**	
20.00	**Tagesschau** Nachrichten	20.15	**Ein Kuckuckskind der Liebe** TV-Liebeskomödie	20.15	**CSI. Miami** Krimiserie	20.15	**Giraffe, Erdmännchen & Co** Geschichten aus dem Frankfurter Zoo
20.15	**Das Geheimnis der Katze** TV-Krimi	21.45	**heute-journal** Nachrichten	21.00	**Unser neues Zuhause** Doku-Soap	21.00	**Hessenjournal**

Die nächste Aufgabe entspricht der Aufgabenstellung bei der Prüfung. Versuchen Sie, die Aufgabe zu lösen. Arbeiten Sie ohne Wörterbuch. Wir empfehlen für diesen Teil zehn Minuten.

1 Lesen

Teil 1

3 Sie sind im Medienhaus Süd. Lesen Sie die Aufgaben 21–25 und die Kaufhaustafel.
Wo (a, b oder c) finden Sie etwas Passendes?
Markieren Sie Ihre Lösungen für die Aufgaben 21–25 auf dem Antwortbogen.

Beispiel:

Sie möchten ein Fest organisieren und suchen Lampen in vielen Farben.

a Freizeit & Service
b Klang & Licht
c andere Abteilung

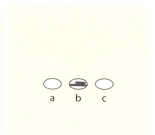

21 Sie wollen eine E-Mail schreiben, können aber Ihren eigenen Computer nicht benutzen.

a Computer & Software
b Haushaltsgeräte & Haustechnik
c andere Abteilung

22 Sie haben Ihren Fernseher zur Reparatur gegeben und möchten nachfragen, ob er fertig ist.

a Audio, TV, Foto, Handys
b Freizeit & Service
c andere Abteilung

23 Sie suchen ein neues Radio.

a Klang & Licht
b Haushaltsgeräte & Haustechnik
c andere Abteilung

24 Sie möchten Ihrer Freundin eine Eintrittskarte für ein Konzert schenken.

a CDs & DVDs
b Freizeit & Service
c andere Abteilung

25 Sie suchen für Ihren Computer ein Programm, mit dem Sie Fotos bearbeiten können.

a Audio, TV, Foto, Handys
b Computer & Software
c andere Abteilung

2 Antwortbogen Lesen

Teil 1

21 ○ ○ ○
   a b c
22 ○ ○ ○
   a b c
23 ○ ○ ○
   a b c
24 ○ ○ ○
   a b c
25 ○ ○ ○
   a b c

Lesen
Teil 1

MEDIENHAUS SÜD
Wo finden Sie was?

	4. STOCK
Freizeit & Service	Kartenvorverkauf: Festivals, Konzerte, Tanz, Theater Fachbücher Elektronik – Handbücher – Fotobände Kundentoilette – Umtausch & Reparatur – Internet-Café
	3. STOCK
CDs & DVDs	Neuerscheinungen – Sonderangebote – Musik & Hörspiel Filme & Konzerte auf DVD, Video & Blu-ray
	2. STOCK
Klang & Licht	Diskokugeln (auch zu vermieten) – Licht & Beleuchtung DJ-Apparatur – Mikrofone – Zubehör elektronische Musikinstrumente: E-Gitarren, Verstärker
	1. STOCK
Computer & Software	PCs – Laptops – Drucker, Scanner & Zubehör – Fachliteratur Informatik – Speichermedien – Software & Lernprogramme
	ERDGESCHOSS
Audio, TV, Foto, Handys	Radiogeräte – Fernseher – Akkus, Batterien – DVD-Player/Recorder CD-Player – MP3-Player – Handys und Zubehör – Digitalkameras Fotoservice, Schnellentwicklung
	TIEFGESCHOSS
Haushaltsgeräte & Haustechnik	Küchengeräte – Staubsauger – Wasch- und Spülmaschinen Lieferservice – Elektroinstallation – Heizungstechnik

Kontrollieren Sie Ihre Lösungen mit dem Lösungsheft. Wie war Ihr Ergebnis? Womit hatten Sie Schwierigkeiten?

Im Folgenden möchten wir die Aufgabe an einem Beispiel erklären und Schritte zur Lösung zeigen.

1 Lesen

Teil 1

👣 Schritt 1: Die erste Situation lesen, wichtige Wörter unterstreichen

Lesen Sie den ersten Satz. Was ist die Situation und was suchen Sie? Unterstreichen Sie die wichtigen Wörter.

Beispiel:

Sie möchten ein Fest organisieren und suchen Lampen in vielen Farben.
- a Freizeit & Service
- b Klang & Licht
- c andere Abteilung

👣 Schritt 2: Im Listentext die Texte zu a und b suchen

Lesen Sie die Kaufhaustafel und unterstreichen Sie die Wörter, die gut zur Aufgabe passen.

	4. STOCK
Freizeit & Service	Kartenvorverkauf: Festivals, Konzerte, Tanz, Theater Fachbücher Elektronik – Handbücher – Fotobände Kundentoilette – Umtausch & Reparatur – Internet-Café
	2. STOCK
Klang & Licht	Diskokugeln (auch zu vermieten) – Licht & Beleuchtung DJ-Apparatur – Mikrofone – Zubehör elektronische Musikinstrumente: E-Gitarren, Verstärker

TIPP *Achtung: Ähnliche Wörter gehören nicht immer zur richtigen Lösung. Es kommt auf die Bedeutung an. Z. B. ist „Fest" Teil des Wortes „Festival" (Freizeit & Service). Aber dort geht es um Kartenvorverkauf, nicht um ein Fest, das Sie organisieren. Oft stehen im passenden Text andere Wörter als in der Aufgabe: „Lampen" = „Licht und Beleuchtung" (Klang & Licht).*

Sie suchen in dieser Aufgabe „Lampen" und finden „Licht & Beleuchtung" in der Abteilung „Klang & Licht". Lösung b ist also richtig.

👣 Schritt 3: Die Lösung markieren

**Wenn Sie das, was Sie suchen, in einer Abteilung gefunden haben, markieren Sie.
Wenn Sie in a oder b nichts finden, markieren Sie gleich c.**

Wichtig: Die Lösung unter c heißt nicht immer „andere Abteilung" (wie im Beispiel), sondern z. B. „anderes Stockwerk", „andere Seite", „anderer Raum", „andere Veranstaltung".

👣 Schritt 4: Die weiteren Aufgaben genauso bearbeiten

Lesen
Teil 2

Lesen Teil 2

In diesem Prüfungsteil zeigen Sie, dass Sie in Anzeigen bestimmte Informationen finden können.

Was sollen Sie tun?

Sie lesen fünf Situationen. Sie sollen zu jeder Situation die passende Anzeige finden. Insgesamt gibt es acht Anzeigen. Für eine Situation gibt es keine passende Anzeige.

Lösen Sie zur Vorbereitung auf diesen Prüfungsteil die folgenden Aufgaben.

1 Welche Anzeige passt zu welcher Überschrift? Finden Sie die passenden Anzeigen a – e zu den Überschriften 1– 5 und markieren Sie.

2 Lesen Sie die Situation und die Anzeigen. Wo finden Sie das passende Angebot? Markieren Sie.

Sie möchten gern Sport machen und suchen ein Fahrrad. Es muss nicht neu sein.

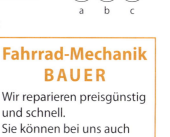

a

Suche dringend gebrauchtes **Sportrad**. Am liebsten mit Shimano-Schaltung.

Angebote an
0160/435 789 12
G. Krüger

b

Bike & Co
- Fahrradreparatur – professionell und preisgünstig
- Großes Angebot an günstigen Fahrrädern
- Großes Sortiment an Zubehör

c

Fahrrad-Mechanik BAUER

Wir reparieren preisgünstig und schnell.
Sie können bei uns auch Fahrräder leihen.

Die nächste Aufgabe entspricht der Aufgabenstellung bei der Prüfung. Versuchen Sie, die Aufgabe zu lösen. Arbeiten Sie ohne Wörterbuch. Wir empfehlen für diesen Teil zehn bis zwölf Minuten.

1 Lesen
Teil 2

3 Lesen Sie die Situationen 26 – 30 und die Anzeigen a – h. Finden Sie für jede Situation die passende Anzeige.

Markieren Sie Ihre Lösungen für die Aufgaben 26 – 30 auf dem Antwortbogen. Für eine Aufgabe gibt es keine Lösung. Markieren Sie in diesem Fall das *x*.

26 Sie suchen eine Ausbildungsstelle für Ihren Sohn. Er macht gerade Abitur und arbeitet gern am PC.

27 Ihre Freundin sucht eine zentral gelegene Wohnung mit Balkon.

28 Ein Freund will sich selbstständig machen. Er möchte ein Gemüsegeschäft aufmachen und sucht einen Ladenraum in guter Lage.

29 Ihre Bekannte sucht eine Bürotätigkeit. Sie kann gut rechnen und am Computer arbeiten. Sie möchte keine Arbeit, bei der sie viel telefonieren muss.

30 Sie haben Erfahrung mit der Pflege alter und behinderter Menschen und möchten gern als Pflegekraft arbeiten. Sie suchen eine Festanstellung.

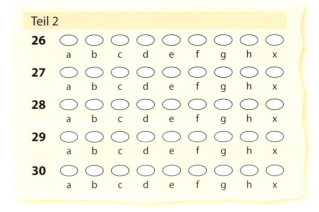

Lesen

Teil 2

a

Pflegedienst Bauer

sucht Mitarbeiter/innen für Fahrdienst
in Festanstellung 30–40 Stunden pro Woche oder als Aushilfskräfte für Wochenenden und Feiertage. Führerschein Klasse B und Personenbeförderungsschein für Mietwagen sind erforderlich.

Ihre Bewerbung senden Sie bitte an:

Pflegedienst Bauer · Sandweg 12 · 60316 Frankfurt

b

FRANKFURT CITY

Direkt vom Eigentümer:
repräsentative helle Geschäfts- und Büroräume im Büroturm West, 5.–10. Stock, Einheiten von 100–200 m² mit schönen Balkons, zentral gelegen, möbliert und unmöbliert in verschiedenen Preisklassen.

Info: 0172 / 34 57 74 24

c

■ OLA Import/Export

Arbeiten Sie gern selbstständig?
Arbeiten Sie gern mit Zahlen?

Für unseren Ein- und Verkauf suchen wir engagierte Mitarbeiter/innen für die Datenerfassung mit PC-Kenntnissen in Word und Excel.

Bewerbung bitte an:
OLA Import / Export
Eisenacher Straße 9 · 65191 Wiesbaden

d

Wegen Geschäftsaufgabe
Nachmieter gesucht

Verkaufsräume 120 m²

EG mit großem Schaufenster
vielseitig nutzbar
+ 2 WCs + Parkplätze
direkt in der Innenstadt
kundenfreundlich erreichbar

☎ **069/238 83 22**

e

Software & Co

Ein Beruf mit Zukunft: **Bürokaufmann/-frau**

→ Planen und organisieren Sie gern, arbeiten Sie gern am Computer?
→ Bei uns erlernen Sie den Beruf in einem modernen Softwareunternehmen.
→ Wir helfen Ihnen bei der Vorbereitung auf die IHK-Prüfung zum/zur Bürokaufmann/-frau.
→ Haben Sie Ihr Abitur oder sind Sie dabei, es in diesem Jahr zu machen?

Dann melden Sie sich bei uns.
Software & Co, 65760 Eschborn, Tel. 06131/2033

f

Von privat: **2-Zi-Whg,**

56 m², 480 € WM,
Küche, Bad, großer Balkon
komplett renoviert,
ab sofort zu vermieten.
Gute Innenstadtlage.
S-/U-Bahnverbindung zu Fuß
zu erreichen.

Tel: 0163/457 76 32

g

ALL-IN-VERSICHERUNGEN
– weltweit tätig –

Zur Unterstützung unseres Teams suchen wir **Voll- und Teilzeitkräfte** zur telefonischen Angebotserstellung in unseren Servicezeiten Mo–So: 8.00–24.00 Uhr.
Sie haben eine angenehme Telefonstimme und gute Computerkenntnisse.

Bitte Zuschriften an: ccc-Personalservice
Mörfelder Landstraße 115 · 60528 Frankfurt

h

Suche Nachmieter

für helle 2-Zi-Whg, 60 m²,
400 € warm, großer Balkon.
Am Stadtrand gelegen,
10 Minuten vom Stadtwald
entfernt, ideal für Kinder.
Stellplatz für Auto kann
gemietet werden.

☏ **0180 / 34 52 27 73**

Kontrollieren Sie Ihre Lösungen mit dem Lösungsheft. Wie war Ihr Ergebnis? Womit hatten Sie Schwierigkeiten?

Im Folgenden möchten wir die Aufgabe an einem Beispiel erklären und Schritte zur Lösung zeigen.

1 Lesen
Teil 2

👣 Schritt 1: Die erste Situation lesen, wichtige Wörter unterstreichen

Lesen Sie noch einmal die Situation 26. Unterstreichen Sie die wichtigen Informationen.

26 Sie suchen eine Ausbildungsstelle für Ihren Sohn. Er macht gerade Abitur und arbeitet gern am PC.

👣 Schritt 2: Passende Anzeigen zu der Situation auswählen

Lesen Sie schnell die Anzeigen auf Seite 29. Wählen Sie zunächst alle Anzeigen aus, die zu der Situation passen können. Notieren Sie mit Bleistift daneben die Nummer der Aufgabe.

> **TIPP** *Überfliegen Sie die Anzeigen nur, lesen Sie sie also schnell und konzentrieren Sie sich auf die wichtigsten Wörter.*

Vergleichen Sie die wichtigen Wörter der Aufgabe mit den Anzeigen. Wählen Sie die Anzeigen aus, die gleiche oder ähnliche Wörter haben. Meist findet man zwei oder mehr Anzeigen.

Gleiche Wörter wie in der Aufgabe sind „PC" in Anzeige c und „Abitur" in Anzeige e.
Markieren Sie die Anzeigen c und e, denn sie könnten zur Situation passen.

👣 Schritt 3: Die markierten Anzeigen genau lesen

Lesen Sie nun die markierten Anzeigen genau. Unterstreichen Sie wichtige Wörter und vergleichen Sie diese mit den wichtigen Wörtern in der Aufgabe.

Achten Sie beim Vergleichen nicht nur auf gleiche Wörter, sondern auf Ausdrücke mit der gleichen Bedeutung, z. B. „am PC/Computer arbeiten" oder „Ausbildungsstelle" / „den Beruf erlernen".

In Anzeige c passt nur „PC-Kenntnisse" zur Aufgabe, aber in Anzeige e passen die Wörter „gern am Computer arbeiten", „den Beruf erlernen" und „Abitur machen". Diese Anzeige bietet eine Ausbildungsstelle an. Anzeige e ist also richtig.

👣 Schritt 4: Die richtige Lösung markieren

Wenn Sie sicher sind, markieren Sie Ihre Lösung auf dem Antwortbogen.

👣 Schritt 5: Die anderen Situationen genauso bearbeiten

Für eine Aufgabe gibt es keine passende Anzeige. Markieren Sie hier beim *x* auf dem Antwortbogen.

👣 Schritt 6: Die Lösungen am Schluss noch einmal kontrollieren

Lesen Teil 3

Lesen Teil 3

In diesem Prüfungsteil wird geprüft, ob Sie Informationen in Mitteilungen und Briefen verstehen können.

Was sollen Sie tun?

Sie bekommen drei Texte: kurze Artikel aus der Zeitung, kurze Mitteilungen oder Notizen.

Zu jedem Text gibt es zwei Aufgaben. Sie entscheiden zuerst, ob eine Aussage zum Text richtig ist oder falsch. Dann entscheiden Sie, welche von drei Einzelaussagen richtig ist: a, b oder c.

Lösen Sie zur Vorbereitung auf diesen Prüfungsteil die folgenden Aufgaben.

1 Ein Zeitungsartikel. Worum geht es in diesem Artikel? Notieren Sie das Thema.

> Wenn nach den Ferien am Montag die Schule wieder anfängt, bleibt es an zwei Schulen in Hofheim still. Die Schulen werden bald vollständig renoviert. Zu viel giftiges Asbest befindet sich in der Bausubstanz, das kann zu Gesundheitsproblemen bei den 300 Schülern und Lehrern führen. Trotzdem haben die Schüler der beiden Schulen Unterricht. Die Kinder werden auf andere Schulen im Umland verteilt. Die Elternvertreter sind zufrieden. Auch wenn die nächste Zeit für die Schüler eine Belastung sein wird, gibt es keinen Unterrichtsausfall.

Thema: ....

2 Lesen Sie die folgende Aussage genau. Unterstreichen Sie wichtige Wörter. Suchen Sie dann in dem Zeitungsartikel den Satz, der am besten zu der Aussage passt. Notieren Sie den Satz.

Nach den Ferien müssen die Schüler umziehen.

....

3 Entscheiden Sie, ob die Aussage und der Satz aus dem Text dasselbe bedeuten (richtig) oder nicht (falsch), und markieren Sie die richtige Lösung.

Nach den Ferien müssen Schüler umziehen.   ○ richtig   ○ falsch

Die nächste Aufgabe entspricht der Aufgabenstellung bei der Prüfung. Versuchen die Aufgabe zu lösen. Arbeiten Sie ohne Wörterbuch. Wir empfehlen für diesen Teil zehn Minuten.

1 Lesen
Teil 3

4 Lesen Sie die drei Texte. Zu jedem Text gibt es zwei Aufgaben. Entscheiden Sie bei jedem Text, ob die Aussage richtig oder falsch ist und welche Antwort (a, b oder c) am besten passt. Markieren Sie Ihre Lösungen für die Aufgaben 31–36 auf dem Antwortbogen.

Arbeit bei der Polizei

Die hessische Polizei startet eine Kooperation mit der türkischen Tageszeitung Hürriyet. Ziel ist es, mehr ausländische Bewerberinnen und Bewerber für den Polizeiberuf zu interessieren. Als Vermittler zwischen den Kulturen genießen ausländische Polizisten besonderes Vertrauen in den unterschiedlichen Bevölkerungsgruppen. Sie sprechen die Sprache und sind mit den Traditionen ihrer Landsleute vertraut. Viele junge Menschen wissen nicht, dass Hessen schon seit 1994 Ausländer in den Polizeidienst einstellt. Dazu wird die deutsche Staatsangehörigkeit nicht benötigt.

Der Anteil der Neueinstellungen von Polizisten, die nicht in Deutschland geboren sind, lag im vergangenen Jahr bei etwa 12 Prozent. Das entspricht ungefähr dem statistischen Ausländeranteil in Hessen. Ziel ist es, die Zahl der Ausländer bei der Polizei in den kommenden Jahren auf bis zu 20 Prozent zu erhöhen.

31 Die Polizei Hessens möchte, dass mehr Ausländer bei ihr arbeiten.
richtig/falsch?

32 Wenn man bei der Polizei arbeiten will,

   a muss man keinen deutschen Pass haben.
   b muss man seit 1994 in Deutschland leben.
   c bekommt man nächstes Jahr 20 Prozent mehr Gehalt.

Liebe Eltern,

am Samstag, den 4. Juni gibt es in der Albert-Schweitzer-Schule ein kleines Fest zur Eröffnung des neuen Schulhofs. Dazu laden wir Sie herzlich ein. **Beginn 15 Uhr**

16.00 Uhr: Aufführung der Music Kids und ein kleines Theaterstück der Klassen 4a und 4b – alles auf dem neuen Schulhof, bei schlechtem Wetter in der Aula.

Für Essen und Trinken ist gesorgt. Bitte bringen Sie aber, um Müll zu vermeiden, Tassen, Becher usw. mit. Sie finden unsere herzhaften und süßen Angebote sowie die Getränke auf dem neuen Schulhof und in der Cafeteria. Auf dem Fest können Sie auch die neuen Schul-T-Shirts kaufen, die endlich eingetroffen sind. Wir freuen uns auf Ihr Kommen!

33 Die Schule plant ein Fest, weil die neue Cafeteria fertig ist.
richtig/falsch?

34 Die Festbesucher sollen

   a T-Shirts der Schule tragen.
   b eigenes Geschirr mitbringen.
   c auf dem Schulhof Theater spielen.

Lesen

Teil 3

An alle Mieter!

Immer wieder beschweren sich Mieter über den Zustand des Kellers. Dort sind viele Fahrräder abgestellt, die nicht genutzt werden, sodass Mieter Probleme haben, an ihre Fahrräder zu kommen.

Wir bitten Sie, an Ihr Fahrrad ein Namensschild zu hängen und Räder, die nicht benutzt werden, bis zum 1. August aus dem Keller zu nehmen. Außerdem bitten wir Sie, andere Gegenstände, z.B. alte Möbel, die nicht in den Keller gehören und dort abgestellt wurden, auch bis zum 1. August zu entfernen. Wenn das nicht geschieht, werden wir einer Firma den Auftrag geben, Fahrräder ohne Namensschild und die Sachen, die nicht in den Keller gehören, abzutransportieren. Die Kosten verteilen wir auf alle Mieter. Danach gilt die Regelung: Jeder Mieter darf nur noch ein Fahrrad in den Keller stellen.

Vielen Dank für Ihr Verständnis.

35 Der Fahrradkeller ist zu voll.

richtig/falsch?

36 Nach dem 1. August

    a dürfen keine Räder mehr in den Keller gestellt werden.
    b müssen die Mieter etwas zahlen, wenn sie ihr Fahrrad in den Keller stellen.
    c gibt es im Keller nur noch Platz für ein Fahrrad für jeden Mieter.

Teil 3		
31 ○ richtig		○ falsch
32 ○ a	○ b	○ c
33 ○ richtig		○ falsch
34 ○ a	○ b	○ c
35 ○ richtig		○ falsch
36 ○ a	○ b	○ c

Kontrollieren Sie Ihre Lösungen mit dem Lösungsheft.
Wie war Ihr Ergebnis? Womit hatten Sie Schwierigkeiten?

Im Folgenden möchten wir die Aufgabe an einem Beispiel erklären und Schritte zur Lösung zeigen.

1 Lesen
Teil 3

👣 Schritt 1: Die erste Aufgabe lesen, wichtige Wörter unterstreichen

Lesen Sie jetzt die Aufgabe genau und unterstreichen Sie wichtige Wörter.

Sie müssen die Aufgabe gut verstehen, damit Sie die Informationen im Text schnell finden.

31 Die Polizei Hessens möchte, dass mehr Ausländer bei ihr arbeiten.

👣 Schritt 2: Passende Stellen im Text markieren

Lesen Sie schnell: Wo finden Sie passende Informationen im Text, um die Aufgabe 31 zu lösen? Unterstreichen Sie diese Stellen und schreiben Sie die Nummer der Aufgabe dazu.

> **TIPP** *Wenn die Nummer der Aufgabe neben der Textstelle steht, können Sie sie immer gut wiederfinden.*

Arbeit bei der Polizei

Die hessische Polizei startet eine Kooperation mit der türkischen Tageszeitung Hürriyet. Ziel ist es, mehr ausländische Bewerberinnen und Bewerber für den Polizeiberuf zu interessieren. Als Vermittler zwischen den Kulturen genießen ausländische Polizisten besonderes Vertrauen in den unterschiedlichen Bevölkerungsgruppen. Sie sprechen die Sprache und sind mit den Traditionen ihrer Landsleute vertraut. Viele junge Menschen wissen nicht, dass Hessen schon seit 1994 Ausländer in den Polizeidienst einstellt. Dazu wird die deutsche Staatsangehörigkeit nicht benötigt.

Der Anteil der Neueinstellungen von Polizisten, die nicht in Deutschland geboren sind, lag im vergangenen Jahr bei etwa 12 Prozent. Das entspricht ungefähr dem statistischen Ausländeranteil in Hessen. Ziel ist es, die Zahl der Ausländer bei der Polizei in den kommenden Jahren auf bis zu 20 Prozent zu erhöhen.

👣 Schritt 3: Die markierten Stellen mit den Aussagen vergleichen

Lesen Sie die Stellen genau, die Sie unterstrichen und markiert haben, und vergleichen Sie sie mit der Aufgabe.

Die wichtigsten Stellen für Aufgabe 31 finden Sie in den Zeilen 2–4 und 18–20.

Die Aufgabe und die Sätze bedeuten das gleiche: „Die Polizei Hessens möchte, dass mehr Ausländer bei ihr arbeiten", d.h., sie hat das „Ziel", „die Zahl der Ausländer bei der Polizei … zu erhöhen."

Markieren Sie also bei Aufgabe 31 „richtig".

👣 Schritt 4: Die Lösung markieren

Markieren Sie dann Ihre Lösung auf dem Antwortbogen.

Lesen
Teil 3

👣 Schritt 5: Die zweite Aufgabe lesen, wichtige Wörter unterstreichen

Lesen Sie jetzt die zweite Aufgabe und unterstreichen Sie wichtige Wörter.

32 Wenn man bei der Polizei arbeiten will,
   a   muss man keinen deutschen Pass haben.
   b   muss man seit 1994 in Deutschland leben.
   c   bekommt man nächstes Jahr 20 Prozent mehr Gehalt.

👣 Schritt 6: Passende Stellen im Text markieren

Suchen Sie nun im Text „Arbeit bei der Polizei" die passenden Stellen, um Aufgabe 32 zu lösen. Unterstreichen Sie diese Stellen und notieren Sie die Nummer der Aufgabe dazu.

👣 Schritt 7: Die markierten Stellen mit den Aussagen vergleichen

Gehen Sie vor wie in Schritt 2: Lesen Sie die Stellen genau, die Sie unterstrichen und mit der Aufgabennummer 32 markiert haben. Vergleichen Sie diese Stellen mit den Aussagen a, b und c.

Nur die Aussage, die dasselbe bedeutet wie der Satz in der Aufgabe, ist die richtige Lösung.

In den Zeilen 12–13 steht, dass für „den Polizeidienst" „die deutsche Staatsbürgerschaft nicht benötigt" wird. Das bedeutet, „man (muss) keinen deutschen Pass haben".

Darum ist Lösung a richtig.

Achtung: Die Lösungen b und c enthalten auch Wörter aus dem Text („seit 1994", „20 Prozent"). Sie passen aber nicht zur Aussage des Textes. Dort steht nicht, dass man „seit 1994 in Deutschland leben" muss (b) oder dass Polizisten „20 Prozent mehr Gehalt" bekommen (c).

👣 Schritt 8: Die Lösung markieren

👣 Schritt 9: Die Texte 2 und 3 und die folgenden Aufgaben genauso bearbeiten

 Sie haben gesehen: Sie müssen nicht den ganzen Text genau lesen. Sie können einige Stellen schnell lesen, um die wichtigen Stellen im Text zu finden. Nur diese lesen Sie genau. So sparen Sie Zeit.

Lesen Teil 4

In diesem Prüfungsteil wird geprüft, ob Sie Informationen in einem längeren Text verstehen können.

Was sollen Sie tun?

Sie bekommen einen längeren Text mit drei Aussagen. Bei dem Text handelt es sich z. B. um Informationen zu Produkten oder Veranstaltungen, um Gebrauchsanweisungen u. s. w.
Sie sollen entscheiden, ob die Aussagen richtig oder falsch sind. Die Informationen dazu finden Sie im Text.

Lösen Sie zur Vorbereitung auf diesen Prüfungsteil die folgenden Aufgaben.

1 Schwierige Wörter? Lesen Sie den Text und erklären Sie die unterstrichenen Wörter aus dem Zusammenhang.

Bei „sperren" und „Sperrung" hilft die Überschrift.

EC Karte verloren – was tun?

- Die Karte sofort sperren lassen. Dann kann keine Person mehr mit Ihrer Karte Geld abheben.
- Rufen Sie während der Geschäftszeiten Ihre Bank an und bitten Sie um die Sperrung.
- Ist Ihre Bank geschlossen, gibt es in ganz Deutschland zwei Telefonnummern: +49(0)1805 021 021 und den Sperr-Notruf 116 116 (ohne Vorwahl), +49 116 116 aus dem Ausland. **Wichtig:** Rufen Sie im Notfall sofort an!
- Für die Kartensperrung werden Sie mit einem Sprachcomputer verbunden und müssen Ihre Bankleitzahl und Kontonummer angeben.
- Gehen Sie nach der Sperrung zur Polizei und erstatten Sie Anzeige (bei Diebstahl).

---

2 Ist die Aussage richtig oder falsch? Lesen Sie den Text noch einmal und unterstreichen Sie die Textstellen, die wichtig sind, um die Aufgabe zu lösen, und markieren Sie.

Den Notruf können Sie nur über Ihren Computer erreichen.   ◯ richtig   ◯ falsch

Die nächste Aufgabe entspricht der Aufgabenstellung bei der Prüfung. Versuchen Sie, die Aufgabe zu lösen. Arbeiten Sie ohne Wörterbuch. Wir empfehlen für diesen Teil acht bis zehn Minuten.

Lesen

Teil 4

3 Lesen Sie den Text. Entscheiden Sie, ob die Aussagen 37–39 richtig oder falsch sind. Markieren Sie Ihre Lösungen für die Aufgaben 37–39 auf dem Antwortbogen.

VERBRAUCHER-INFORMATION

Handy-Kündigung – Wie kündige ich richtig?

Sie wollen Ihren Anbieter wechseln?

Bei der Kündigung eines Handyvertrags gibt es eine Mindestvertragslaufzeit. Diese beträgt meistens zwei Jahre. Danach verlängert sich der Vertrag automatisch, meistens um weitere sechs bis zwölf Monate.

Unterschreiben Sie das Kündigungsschreiben persönlich. Kündigen Sie nicht per E-Mail. Kündigungen ohne persönliche Unterschrift werden oft nicht anerkannt.

Bei Kündigungen gibt es eine Kündigungsfrist. Diese beträgt in der Regel drei Monate. Die Kündigung muss beim Handyanbieter also spätestens drei Monate vor Ende der Vertragslaufzeit eingehen. In Ausnahmefällen können Sie auch kündigen, ohne sich an diese Frist zu halten. Dann müssen Sie aber einen Kündigungsgrund angeben.
Informieren Sie sich vorher, falls Sie Zweifel haben.
Am besten kündigen Sie per Einschreiben mit Rückschein: Der Empfänger unterschreibt dann persönlich, dass er die Kündigung erhalten hat.

Was noch interessant sein könnte:

Bei einem Wechsel des Anbieters können Sie Ihre alte Nummer meistens mitnehmen. Dafür müssen Sie aber eine Gebühr bezahlen.
Vorsicht: Einige Anbieter verlangen nach Vertragsende die SIM-Karte zurück. Wenn Sie diese nicht zurückgeben, kann das 30 € kosten.

Wenn Sie Ihre alte Handynummer zum neuen Anbieter mitnehmen möchten, ist es sinnvoll, wenn Sie eine Kündigungsbestätigung von Ihrem alten Anbieter an den neuen Anbieter schicken. Darin sollten die wichtigsten Details wie Zeitpunkt des Vertragsendes und Ihre Kundendaten stehen.

---

37 Normalerweise müssen Sie Ihr Handy mindestens drei Monate vor Ende des Vertrags kündigen.
richtig/falsch?

38 Sie müssen bei einer Kündigung immer auch Gründe für die Kündigung angeben.
richtig/falsch?

39 Die Mitnahme der alten Handynummer ist kostenlos.
richtig/falsch?

Teil 4	richtig	falsch
37	○	○
38	○	○
39	○	○

Kontrollieren Sie Ihre Lösungen mit dem Lösungsheft.
Wie war Ihr Ergebnis? Womit hatten Sie Schwierigkeiten?

Im Folgenden möchten wir die Aufgaben an einem Beispiel erklären und Schritte zur Lösung zeigen.

1 Lesen
Teil 4

👣 Schritt 1: Die Überschrift lesen, das Thema des Textes erkennen

Die Überschrift sagt Ihnen, um was es im Text geht. Lesen Sie die Überschrift des Textes auf S. 37 noch einmal und notieren Sie hier das Thema.

....

👣 Schritt 2: Die erste Aufgabe lesen, wichtige Wörter unterstreichen

Lesen Sie nochmals die Aufgabe 37 und unterstreichen Sie die wichtigen Wörter.

37 Normalerweise müssen Sie Ihr Handy mindestens drei Monate vor Ende des Vertrags kündigen.

👣 Schritt 3: Den Text schnell lesen, die passenden Textstellen zu der Aufgabe suchen und markieren

Lesen Sie nun den Text schnell und notieren Sie die Aufgabennummern bei den passenden Textstellen.

> Sie wollen Ihren Anbieter wechseln?
>
> Bei der Kündigung eines Handyvertrags gibt es eine Mindestvertragslaufzeit. Diese beträgt meistens zwei Jahre. Danach verlängert sich der Vertrag automatisch, meistens um weitere sechs bis zwölf Monate.
> …
> Bei Kündigungen gibt es eine Kündigungsfrist. Diese beträgt in der Regel drei Monate. Die Kündigung muss beim Handyanbieter also spätestens drei Monate vor Ende der Vertragslaufzeit eingehen. In Ausnahmefällen können Sie auch kündigen, ohne sich an diese Frist zu halten. Dann müssen Sie aber einen Kündigungsgrund angeben.
> Informieren Sie sich vorher, falls Sie Zweifel haben.
> …

👣 Schritt 4: Die markierten Stellen mit der Aufgabe vergleichen

Die passende Textstelle zur Aufgabe 37 steht in den Zeilen 5–7. Vergleichen Sie die wichtigen Wörter in der Aufgabe mit den wichtigen Wörtern im Text: „Normalerweise … mindestens drei Monate vor Ende des Vertrags kündigen" bedeutet, dass die Kündigung … spätestens drei Monate vor Ende der Vertragslaufzeit eingehen" muss. „Normalerweise" bedeutet dasselbe wie „in der Regel".

👣 Schritt 5: Die Lösung markieren

Sie können bei Aufgabe 37 also „richtig" markieren.

👣 Schritt 6: Bei den anderen Aufgaben genauso vorgehen

Lesen Teil 5

Wörter in einem Brief ergänzen

In diesem Prüfungsteil wird geprüft, ob Sie wichtige Formen der geschriebenen Sprache kennen. Sie sollen zeigen, dass Sie mit dem Aufbau und der Sprache eines formellen Briefes vertraut sind.

Was sollen Sie tun?

Sie sollen Wörter in einem Brief ergänzen.
Sie bekommen einen Brief, in dem sechs Wörter fehlen. Zu jedem fehlenden Wort gibt es drei Lösungen zur Auswahl. Sie sollen die richtige Lösung herausfinden. Immer nur eine Lösung ist richtig.

Sie sollen den Gesamttext verstehen und zum Beispiel entscheiden,

- welche Anrede richtig ist: Sehr geehrte/r …, Liebe/r …
- welche Wörter zu der Situation passen.
- welche Modalverben zum Inhalt des Briefes passen.
- welche Personalpronomen (Sie/du, Ihnen/euch/dir) richtig sind.

Lösen Sie zur Vorbereitung auf diesen Prüfungsteil die folgende Aufgabe.

1 Was passt zusammen?

Sehr geehrte	Grüße
Mit freundlichen	Damen und Herren,
Liebe	Herr Bauer,
Viele	Frau Schmidt,
Sehr geehrter	Grüßen

Die nächste Aufgabe entspricht der Aufgabenstellung bei der Prüfung. Versuchen Sie, die Aufgabe zu lösen. Arbeiten Sie ohne Wörterbuch. Wir empfehlen für diesen Teil fünf Minuten Bearbeitungszeit.

1 Lesen
Teil 5

2 Lesen Sie den Text und schließen Sie die Lücken 40–45. Welche Lösung (a, b oder c) passt am besten?
Markieren Sie Ihre Lösungen für die Aufgaben 40–45 auf dem Antwortbogen.

Agentur für Arbeit · Familienkasse ·   Fischerfeldstraße 10–12
                                                            60311 Frankfurt

Frankfurt, den 17. September 2010

Ihr ___0___ auf Kindergeld

___40___ Herr Usta,

Ihr Antrag auf Kindergeld ist heute eingegangen.

Leider fehlen noch einige ___41___ . Auch haben Sie vergessen, den Antrag zu ___42___ .

Wir ___43___ Sie bitten, in den nächsten Tagen zwischen 8.00 und 12.00 Uhr bei der Familienkasse (Raum 311) vorbeizukommen.

Falls einige Punkte im Antragsformular unklar sein sollten, helfen wir ___44___ gern.

Mit ___45___ Grüßen

Ihre Agentur für Arbeit

Beispiel:

0   a   Betrag
    b   Beitrag
    c   Antrag   → c

40	a	Sehr geehrte	**42**	a	beschreiben	**44**	a Sie
	b	Sehr geehrter		b	verschreiben		b Ihnen
	c	Lieber		c	unterschreiben		c euch
41	a	Aufgaben	**43**	a	möchten	**45**	a lieben
	b	Angaben		b	können		b fröhlichen
	c	Ansagen		c	sollen		c freundlichen

Teil 5
40 a b c
41 a b c
42 a b c
43 a b c
44 a b c
45 a b c

Kontrollieren Sie Ihre Lösungen mit dem Lösungsheft.
Wie war Ihr Ergebnis? Womit hatten Sie Schwierigkeiten?

Im Folgenden möchten wir die Aufgabe an einem Beispiel erklären und Schritte zur Lösung zeigen.

Lesen
Teil 5

👣 Schritt 1: Beim ersten Lesen die einfachen Aufgaben lösen

Lesen Sie den Brief aufmerksam durch und lösen Sie dabei schon die leichten Aufgaben. Nur eine Lösung passt: Markieren Sie a, b oder c auf dem Antwortbogen.

> **TIPP** *Wenn Sie etwas nicht sofort wissen, denken Sie nicht zu lange nach und gehen Sie zur nächsten Aufgabe.*

👣 Schritt 2: Beim zweiten Lesen die restlichen Aufgaben lösen

Lesen Sie den Brief noch einmal und versuchen Sie die Aufgaben zu lösen, bei denen Sie sich nicht sicher waren.

> **TIPP** *Verlassen Sie sich auf Ihr Sprachgefühl, Ihre Erfahrung. Auch wenn Sie nicht sicher sind, markieren Sie auf jeden Fall etwas. Vielleicht treffen Sie ja gerade die richtige Lösung!*

👣 Schritt 3: Die Lösungen kontrollieren

Vorbereitung auf den Prüfungsteil Lesen im Kurs

Teil 1 und 2

1 Sammeln Sie Übersichten, z.B. aus Katalogen, und fotografieren Sie Wegweiser in Kaufhäusern und Ärzte- und Behördenzentren. Schreiben Sie selbst dazu Aufgaben. Was suchen Sie? Tauschen Sie im Kurs Ihre Aufgaben aus.

2 Arbeiten Sie in Gruppen und machen Sie selbst Arbeitsblätter. Bringen Sie dazu Anzeigen aus einer deutschsprachigen Zeitung mit. Wählen Sie acht Anzeigen aus und notieren Sie zu jeder eine Situation auf ein Arbeitsblatt. Tauschen Sie Ihr Arbeitsblatt und Ihre Anzeigen mit einer anderen Gruppe aus. Lösen Sie die Arbeitsblätter der anderen Gruppe.

Teil 3 und 4

1 Arbeiten Sie in Gruppen. Jede Gruppe sucht sich einen interessanten kurzen Artikel aus einer deutschsprachigen Zeitung aus. Suchen Sie schwierige Wörter und versuchen Sie gemeinsam, ihre Bedeutung aus dem Zusammenhang zu verstehen.
Teilen Sie die Gruppen in zwei kleinere Gruppen. Jede Kleingruppe notiert fünf Fragen zu dem Artikel. Die andere Gruppe versucht dann, diese Fragen zu beantworten.

2 Schwierige Wörter? Lesen Sie Texte auf den Seiten 31–37 noch einmal. Streichen Sie schwierige Wörter durch, die Sie nicht brauchen, um die Aufgabe zu lösen.

Teil 5

Sammeln Sie Briefe, die Sie von Ämtern, Behörden, Firmen usw. bekommen haben. Gibt es Formulierungen, die immer wieder auftauchen? Sammeln Sie diese Formulierungen im Kurs.

1 Schreiben

Übersicht

Schreiben: Übersicht

In diesem Prüfungsteil zeigen Sie, dass Sie sich schriftlich auf Deutsch verständigen können.

Was sollen Sie tun?

Sie sollen eine Kurzmitteilung zu einem Thema schreiben. Sie sollen frei formulieren und dabei Formen, die zu einem Brief gehören, verwenden, z. B. die Anrede, den Gruß sowie die richtigen Höflichkeitsformen.

Sie erhalten dazu zwei Aufgaben, aus denen Sie eine auswählen dürfen.

Die Aufgabe enthält einen kurzen Einleitungstext mit der Situation und vier Inhaltspunkte. Sie sollen einen passenden Brief schreiben und alle Inhaltspunkte bearbeiten.

Zeit: 30 Minuten

Lösen Sie zur Vorbereitung auf diesen Prüfungsteil die folgenden Aufgaben:

1 Die Tochter von Samira Berger ist krank und kann nicht zur Schule gehen. Frau Berger schreibt einen Brief an die Lehrerin, Frau Maier. Bringen Sie die Sätze und Satzteile in die richtige Reihenfolge. Nummerieren Sie die Sätze.

.... Viele Grüße

.... Bitte rufen Sie mich wegen der Hausaufgaben an.

.... weil sie Grippe hat.

.... meine Tochter Sakena kann diese Woche nicht in die Schule kommen,

.... Samira Berger

.... Liebe Frau Maier,

.... Vielen Dank.

Schreiben

Kurzmitteilung

2 Frau Berger antwortet auf eine Stellenanzeige. Welche Textbausteine a – f passen in welche Lücke?

a   Könnten Sie mir mitteilen

b   und habe Erfahrungen mit der Arbeit als Kellnerin

c   und wie hoch die Bezahlung ist

d   in der Sie eine Urlaubsvertretung für eine Kellnerin suchen

e   Mit freundlichen Grüßen

f   um mich vorzustellen

Sehr geehrte Damen und Herren,

ich habe Ihre Anzeige gelesen, _____ (1). Ich interessiere mich sehr für die Stelle.

In der Vergangenheit habe ich schon in der Gastronomie gearbeitet _____ (2).

Allerdings habe ich noch einige Fragen: _____ (3), wie die Arbeitszeiten sind _____ (4)? Gerne würde ich persönlich vorbeikommen, _____ (5).

Vielen Dank für eine Antwort.

_____ (6)

Samira Berger

---

3 Lesen Sie den folgenden Brief und schreiben Sie ihn neu. Benutzen Sie Sätze mit „außerdem", „vielleicht", „gern", „wenn", „weil", „dass", „ob" oder Nebensätze.

 Fangen Sie nicht jeden Satz mit „ich" an. Wenn Sie Sätze gut miteinander verbinden, bekommen Sie mehr Punkte bei der Bewertung.

Sehr geehrte Damen und Herren,

Ich schreibe Ihnen. Ich habe Ihre Anzeige gelesen. Ich interessiere mich für Ihre Wohnung. Wann haben Sie Zeit? Ich habe noch einige Fragen. Wie hoch sind die Nebenkosten? Ist die Wohnung zentral? Ich möchte schnell einen Termin ausmachen. Ich möchte vorbeikommen.

Die nächste Aufgabe entspricht der Aufgabenstellung in der Prüfung. Schreiben Sie einen Brief. Arbeiten Sie ohne Wörterbuch und achten Sie auf die Zeit. Sie haben 30 Minuten.

1 Schreiben

Kurzmitteilung

4 Wählen Sie Aufgabe A *oder* Aufgabe B. Zeigen Sie, was Sie können. Schreiben Sie möglichst viel.
Schreiben Sie Ihren Text auf den Antwortbogen.

Aufgabe A

Sie besuchen einen Deutschkurs. Sie können diese Woche nicht in den Unterricht kommen. Nächste Woche wird im Unterricht aber ein Modelltest zur Deutschprüfung gemacht.
Schreiben Sie Ihrer Kursleiterin, Frau Schuster.

Schreiben Sie etwas zu folgenden Punkten:

– Grund für Ihr Schreiben

– Entschuldigung

– Wie zu Hause lernen?

– Wann sind Sie wieder im Kurs?

oder

Aufgabe B

In Ihrem Haus finden Sie einen Zettel der Wasserwerke. Diese führen am 12. April zwischen 8 und 12 Uhr im Haus Reparaturarbeiten durch und müssen in alle Wohnungen. Am 12. April sind Sie aber zwischen 8 und 12 Uhr nicht zu Hause. Bitten Sie Ihre Hausverwalterin, Frau Weimann, die Firma in Ihre Wohnung zu lassen.

Schreiben Sie etwas zu folgenden Punkten:

– Grund für Ihr Schreiben

– Was soll Frau Weimann für Sie tun?

– Wo ist der Wohnungsschlüssel?

– Bedanken Sie sich.

Womit hatten Sie Schwierigkeiten? Haben Sie die Situation richtig verstanden? Haben Sie zu allen vier Punkten etwas geschrieben? Haben Sie an eine passende Einleitung und an einen passenden Schluss gedacht? Haben Sie die Sätze gut miteinander verbunden?

Konnten Sie den Brief in 30 Minuten schreiben? Sie finden zu beiden Aufgaben eine Musterlösung im Lösungsheft.

Im Folgenden möchten wir die Aufgabe Schritt für Schritt durchgehen und einige Tipps zu diesem Prüfungsteil geben.

Schreiben

Kurzmitteilung

Schritt 1: Auswählen, welche Aufgabe Sie lösen möchten

Lesen Sie beide Aufgaben durch. Wählen Sie die Aufgabe aus, die Sie am einfachsten finden.

Sie müssen nur eine Situation bearbeiten, A oder B. Also schreiben Sie nur einen Brief. Welche Situation ist einfacher für Sie? Entscheiden Sie sich schnell. Verstehen Sie wichtige Wörter in Aufgabe A nicht? Dann nehmen Sie Aufgabe B. Oder umgekehrt.

Schritt 2: Die Situation genau lesen

Lesen Sie zu Ihrer Aufgabe (A oder B) nun die Situation. Machen Sie Notizen auf dem Aufgabenblatt. Wie ist die Situation?

Beispiel für Aufgabe A: *Deutschkurs, Entschuldigung bei Kursleiterin, …*

Beispiel für Aufgabe B: *Hausverwaltung soll Wasserwerke in die Wohnung lassen, …*

....

....

Schritt 3: Die vier Punkte genau lesen

Was wollen Sie zu den vier Punkten schreiben? Machen Sie Notizen zu jedem Punkt.

1. Punkt:

Beispiel für Aufgabe A: *krank, kann diese Woche nicht zum Kurs kommen, …*

Beispiel für Aufgabe B: *Wasserwerke kommen, bin nicht zu Hause, …*

....

....

2. Punkt

....

....

3. Punkt

....

....

4. Punkt

....

....

Schreiben
Kurzmitteilung

Schritt 4: Den Brief direkt auf den Antwortbogen schreiben

Beginnen Sie den Brief: Schreiben Sie Ort, Datum und die passende Anredeform.

Sie schreiben an Ihre Kursleiterin (Aufgabe A) oder Hausverwalterin (Aufgabe B). Sie kennen die Person gut/weniger gut. Sie kennen ihren Namen. Wie schreiben Sie die Person an? Vergessen Sie nicht das Komma hinter der Anrede. Schreiben Sie auch Ort und Datum.

Schritt 5: Einen Satz oder zwei zu jedem Punkt schreiben

Schreiben Sie nun den Brief. Schreiben Sie zu jedem Punkt einen oder zwei Sätze.

> **TIPP** *Haken Sie Inhaltspunkte ab, die Sie schon erledigt haben, dann vergessen Sie keinen. Lassen Sie beim Schreiben viel Platz, am besten eine ganze Zeile zwischen Ihren Sätzen. Sie brauchen den Platz für Ihre Korrekturen im nächsten Schritt.*

Schritt 6: Den Brief beenden

Wählen Sie für den Brief einen Schlusssatz, der zur Situation passt, und schreiben Sie eine passende Grußformel und Ihren Namen.

Wählen Sie für Ihre Aufgabe A oder B die passende Grußformel: „Viele Grüße" oder „Mit freundlichen Grüßen". Setzen Sie Ihren Namen darunter – dann ist der Brief fertig.

Schritt 7: Den Brief überprüfen

Lesen Sie Ihren Brief noch einmal und achten Sie auf folgende Punkte:

- alle vier Punkte behandelt?
- Datum?
- Anrede?
- Schlusssatz und Grußformel?
- Unterschrift?
- Anredeformen Sie/Ihnen/Ihr groß geschrieben?
- Groß- und Kleinschreibung?
- Nomen großgeschrieben? Denken Sie an die Artikel: der, die, das.
- Verbformen richtig? z. B. ich schreib<u>e</u> – Sie schreib<u>en</u>?
- Satzverbindungen?

Schreiben

Kurzmitteilung

Redemittel

Datum: *Berlin, (den) 2. Februar 20…*

Anrede

Sie kennen die Person mit Namen, sagen aber nicht „du" zu ihr (z. B. Kursleiter/in).	Sie kennen die Person mit Namen, aber nicht persönlich.	Sie kennen die Person nicht mit Namen.
Liebe Frau Schneider, *Lieber Herr Schneider,*	*Sehr geehrte Frau Schneider,* *Sehr geehrter Herr Schneider,*	*Sehr geehrte Damen und Herren,*

Einleitung

Nach der Anrede steht ein Komma. Der erste Satz fängt mit einem Kleinbuchstaben an.

Liebe Frau Schneider,
leider kann ich heute nicht in den Unterricht kommen.

Die Anredeform ist *Sie*. Zu *Sie* gehören auch *Ihnen* und *Ihr/Ihre*.

*Können **Sie** mir helfen?*
*Könnte ich morgen **Ihr** Auto leihen?*
*Bitte nennen **Sie** mir **Ihre** Öffnungszeiten.*
*Ich danke **Ihnen**.*

In formellen Briefen benutzt man häufig den Konjunktiv.

Können Sie mir (bitte) sagen/mitteilen, ob …
Ich wäre Ihnen dankbar, wenn Sie …
Ich würde mich sehr freuen, wenn Sie …
Ich würde gern wissen, wann/ob/…
Gerne würde ich …
Wäre es möglich, dass …

Schlusssätze

Vielen Dank für Ihre Hilfe.
Vielen Dank für Ihre Antwort.
Ich freue mich auf eine Antwort.
Über eine baldige Antwort würde ich mich sehr freuen.

Grußformel

Sie kennen die Person mit Namen, sagen aber nicht „du" zu ihr (z. B. Kursleiter/in).	Sie kennen die Person mit Namen, aber nicht persönlich.	Sie kennen die Person nicht mit Namen.
Viele Grüße	*Mit freundlichen Grüßen*	

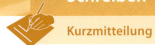

Schreiben
Kurzmitteilung

Vorbereitung auf den Prüfungsteil Schreiben im Kurs

1 Überlegen Sie sich Situationen aus dem täglichen Leben, bei denen Sie Mitteilungen schreiben mussten/müssen.

- Entschuldigungen
- Mitteilungen an Nachbarn
- Mitteilungen an Kollegen
- Briefe oder E-Mails an eine Verwaltung (Hausverwaltung, Amt)

…

2 Schreiben Sie kurze Mitteilungen/Briefe im Kurs. Korrigieren Sie die Briefe gemeinsam.

 Welche Fehler machen Sie häufiger? Machen Sie eine Liste dieser Fehler und der richtigen Lösung. Achten Sie beim Schreiben besonders darauf.

Sprechen

Übersicht

Mündliche Prüfung: Übersicht

Sie zeigen in diesem Prüfungsteil, dass Sie in einem kurzen Vortrag und im Gespräch mit anderen über Alltagsthemen sprechen können.

Die Prüfung ist in der Regel eine Paarprüfung, das heißt, dass eine weitere Person mit Ihnen zusammen geprüft wird. Die Prüfung kann aber auch als Einzelprüfung stattfinden.

Die mündliche Prüfung besteht aus drei Teilen:

Teil 1: Über sich sprechen

In diesem Teil stellen Sie sich vor. Dazu bekommen Sie ein Blatt mit Stichwörtern.
Sie sprechen über sich selbst und antworten auf Nachfragen des Prüfers oder der Prüferin.
In Teil 1 werden Sie und Ihr Prüfungspartner / Ihre Prüfungspartnerin nacheinander geprüft.

Zeit: ca. zwei Minuten pro Teilnehmer/in.

Teil 2: Über Erfahrungen sprechen

In diesem Teil bekommen Sie ein Foto zu einem bestimmten Thema und sprechen darüber (Teil 2 A).
Dann beantworten Sie Nachfragen und berichten dabei über Ihre eigenen Erfahrungen in Deutschland und in Ihrem Heimatland (Teil 2 B).
Sie dürfen mit Ihrem Prüfungspartner oder Ihrer Prüfungspartnerin Erfahrungen austauschen, oder Sie sprechen nur mit Ihrem Prüfer / Ihrer Prüferin.

Zeit: ca. drei Minuten pro Teilnehmer/in.

Teil 3: Gemeinsam etwas planen

Dieser Teil entspricht einem Rollenspiel. Sie sollen gemeinsam mit Ihrer Prüfungspartnerin / Ihrem Prüfungspartner etwas planen oder aushandeln. Dazu bekommen Sie ein Themenblatt mit Stichwörtern. Sie sollen dabei Vorschläge machen, auf die Vorschläge Ihres Prüfungspartners oder Ihrer Prüfungspartnerin reagieren und zu einem gemeinsamen Ergebnis kommen.

Zeit: ca. sechs Minuten für beide Teilnehmer/innen.

Das gesamte Gespräch dauert ca. 16 Minuten.

Es dürfen keine Wörterbücher oder anderen Hilfsmittel benutzt werden.

Es gibt für diesen Prüfungsteil keine Vorbereitungszeit.

1 Sprechen

Teil 1

Sprechen Teil 1: Über sich sprechen

In diesem Prüfungsteil sollen Sie sich vorstellen und auf Fragen zu Ihrer Person antworten.
Sie und Ihr Prüfungspartner/Ihre Prüfungspartnerin werden nacheinander geprüft: Der erste Teilnehmer/die erste Teilnehmerin ist A, der/die zweite B.

Was sollen Sie tun?

Sie erhalten ein Blatt mit Stichwörtern. Der Prüfer oder die Prüferin fragt: „Würden Sie sich bitte vorstellen?", „Erzählen Sie bitte etwas über sich."

Stellen Sie sich vor. Sie haben dazu ca. eine Minute Zeit.

Nachdem Sie sich vorgestellt haben, stellt der/die Prüfende noch ein oder zwei weitere Fragen zu Ihrer Person. Antworten Sie auch darauf ca. eine Minute lang.

Lösen Sie zur Vorbereitung auf diesen Prüfungsteil die folgende Aufgabe.

1a Schreiben Sie den Vorstellungstext von Erkan Demirel. Versuchen Sie, zu jedem Punkt zwei Sätze zu schreiben.

> Name: Erkan Demirel, 26 Jahre alt
> Geburtsort: Istanbul, Türkei;
> Wohnort: Hamburg (seit einem Jahr)
> Beruf/Arbeit: arbeitslos; will als Busfahrer arbeiten
> Familie: verheiratet (seit zwei Jahren), ein Kind (ein Jahr alt)
> Sprachen: Türkisch, ein wenig Deutsch und auch Englisch

Guten Tag, mein Name ist Erkan Demirel. Ich wohne in Hamburg und bin ....

....

....

1b Schreiben Sie Ihren eigenen Vorstellungstext. Wenn Ihnen Wörter fehlen, schlagen Sie sie im Wörterbuch nach. Sprechen Sie dann jemandem Ihren Text vor. Versuchen Sie, eine Minute lang zu sprechen.

 Tipp: Sprechen Sie in ganzen Sätzen und erzählen Sie ruhig etwas mehr über sich.

Die nächste Aufgabe entspricht der Aufgabenstellung bei der Prüfung.

Sprechen

Teil 1

Teilnehmer/in A und B

Teil 1: Über sich sprechen

- Name
- Geburtsort
- Wohnort
- Arbeit/Beruf
- Familie
- Sprachen

Der Prüfer oder die Prüferin sagt:

Würden Sie sich bitte vorstellen? / Erzählen Sie bitte etwas über sich.

Der Prüfer oder die Prüferin fragt nach, z. B.:

- *Was bedeutet Ihr Name?*
- *Welche Sprachen sprechen Sie zu Hause?*
- *…*

Sie können im Lösungsheft ein Beispiel für diesen Prüfungsteil nachlesen.

Im Folgenden möchten wir Ihnen einige Tipps zu diesem Prüfungsteil geben.

1 Sprechen
Teil 1

👣 Schritt 1: Sich vorstellen

Nutzen Sie für Ihre Vorstellung die Stichwörter auf dem Prüfungsbogen. Sie müssen nicht zu allen Stichwörtern etwas sagen. Sie können auch zu anderen Punkten etwas sagen. Wichtig ist, dass Sie sich ausführlich vorstellen. Geben Sie zu den Stichwörtern mehr als eine Information und versuchen Sie Ihre Sätze zu verbinden. Fangen Sie nicht jeden Satz mit „Ich" an.

Sprechen Sie langsam und deutlich.

Die folgenden Redemittel können Sie für diesen Prüfungsteil brauchen.

Redemittel

- *Mein Name ist … / Ich heiße …*
- *Seit … bin ich in Deutschland.*
- *Ich komme aus …*
- *Ich bin in … geboren.*
- *Ich wohne in …*
- *Mein Beruf ist … / Ich bin von Beruf …*
- *Ich arbeite (noch) nicht.*
- *Im Moment gehe ich noch zur Schule.*
- *Ich lerne …*
- *Seit … Jahren lerne ich Deutsch.*
- *Ich habe … gelernt/studiert.*
- *An der Volkshochschule in … habe ich Deutsch gelernt.*
- *Meine Familie lebt in …*
- *Wir haben … Kinder.*
- *Außerdem spreche ich … / Ich spreche …*
- *Meine Hobbys sind …*

👣 Schritt 2: Prüferfragen am Schluss

Nach Ihrer Vorstellung fragen die Prüfer/innen nach. Antworten Sie wieder eine Minute lang.

Am Ende des Prüfungsteils stellt der Prüfer oder die Prüferin Ihnen noch einige Fragen zu dem, was Sie gesagt haben, z. B. „Können Sie noch etwas zu Ihren Kindern sagen? Wie alt sind sie?"

Antworten Sie nicht nur mit einem Satz. Antworten Sie z. B.: „Mein Sohn ist sechs Jahre alt und meine Tochter sieben. Sie gehen beide auf dieselbe Schule, hier in …".

Weitere Prüferfragen können sein:

allgemein	*Wie lange sind Sie schon in Deutschland?* *Wo haben Sie so gut Deutsch gelernt?*	Arbeit/Beruf	*Was müssen Sie genau tun?* *Was machen Sie genau beruflich?* *Was sind Ihre Aufgaben?* *Wo haben Sie Ihren Beruf gelernt?*
Name	*Woher kommt Ihr Name? Was bedeutet er?*	Familie	*Wie groß ist Ihre Familie?* *Gehen Ihre Kinder schon in die Schule?* *Was machen Ihre Kinder?* *Wo leben Ihre Eltern?*
Geburtsort	*Wo ist das? Ist das eine große Stadt?*		
Wohnort	*Seit wann wohnen Sie schon in …?* *Wo haben Sie früher gewohnt?*	Sprachen	*Welche Sprache sprechen Sie zu Hause / mit Ihren Kindern?*

Sprechen Teil 2: Über Erfahrungen sprechen

In diesem Prüfungsteil sollen Sie über eine Alltagssituation sprechen und sich darüber mit einem Gesprächspartner unterhalten. Dabei sprechen Sie über Ihre Erfahrungen mit dieser Situation in Deutschland und in Ihrem Herkunftsland. Dies ist wieder eine Prüfung für zwei Personen. Sie sind Person A oder Person B. Die Personen erhalten verschiedene Fotos.

Was sollen Sie tun?

Sie bekommen ein Aufgabenblatt mit einem Foto zu einem Thema. Sie haben kurz Zeit, sich das Foto anzusehen. Danach sollen Sie dem Prüfer oder der Prüferin berichten, was Sie auf dem Foto sehen und was das Thema des Fotos ist.

Dann stellt eine/r der Prüfenden Fragen zu dem, was Sie gesagt haben. Sie antworten und sagen auch etwas dazu, welche Erfahrungen Sie mit diesem Thema in Deutschland und in Ihrem Heimatland gemacht haben.

Bei diesem Gespräch kann sich auch der Prüfungspartner / die Prüfungspartnerin beteiligen, oder Sie sprechen nur mit dem Prüfer oder der Prüferin.

Jeder Teilnehmer / jede Teilnehmerin hat für diesen Prüfungsteil drei Minuten.

Lösen Sie zur Vorbereitung auf diesen Prüfungsteil die folgende Aufgabe.

1 Schauen Sie sich das folgende Foto an. Was ist das Thema? Beschreiben Sie in kurzen Sätzen, worum es auf dem Foto geht.

Die nächste Aufgabe entspricht der Aufgabenstellung bei der Prüfung.

1 Sprechen
Teil 2

Teilnehmer/in A

Teil 2: Über Erfahrungen sprechen

Das sagt der Prüfer oder die Prüferin:

Teil 2 A

Sie haben in einer Zeitschrift ein Foto gefunden. Berichten Sie kurz:
– *Was sehen Sie auf dem Foto?*
– *Was für eine Situation zeigt das Bild?*

Teil 2 B

Erzählen Sie bitte:
– *Welche Erfahrungen haben Sie damit?*
– *Wie ist das in Ihrem Heimatland?*

Teilnehmer/in B

Teil 2: Über Erfahrungen sprechen

Das sagt der Prüfer oder die Prüferin:

Teil 2 A

Sie haben in einer Zeitschrift ein Foto gefunden. Berichten Sie kurz:
- *Was sehen Sie auf dem Foto?*
- *Was für eine Situation zeigt das Bild?*

Teil 2 B

Erzählen Sie bitte:
- *Welche Erfahrungen haben Sie damit?*
- *Wie ist das in Ihrem Heimatland?*

Sie können im Lösungsheft ein Beispiel für diesen Prüfungsteil nachlesen.

Im Folgenden möchten wir Ihnen einige Tipps zu diesem Prüfungsteil geben.

1 Sprechen
Teil 2

👣 Schritt 1: Das Foto beschreiben

Beschreiben Sie das Foto. Was sehen Sie? Sie können auch Einzelheiten nennen. Sagen Sie auch etwas zu der Situation auf dem Foto. Worum geht es?

Auf dem Foto auf Seite 54 sieht man z. B. eine Familie, die zusammen ein Spiel spielt. Das Thema des Fotos könnte sein: „Freizeit in der Familie".

Die folgenden Redemittel können Ihnen bei der Beschreibung des Fotos helfen.

Redemittel

- *Auf dem Foto ist / sieht man …*
- *Das Foto zeigt …*
- *Das Foto hat das Thema …*
- *Auf dem Foto geht es um …*

👣 Schritt 2: Auf die Prüferfragen antworten

Nachdem Sie etwa eine Minute lang gesprochen haben, entscheiden die Prüfer, ob sie eher Niveau A 2 oder Niveau B 1 prüfen. Die Prüferfragen sind deshalb unterschiedlich schwer.

Der Prüfer oder die Prüferin fragt auch, wie es in Ihrem Land ist.

Prüferfragen zu der Stufe A 2 können bei diesem Thema sein:

Was machen Sie in Ihrer Freizeit mit der Familie: Spielen Sie auch Spiele zusammen? Sehen Sie viel fern? Was machen die Leute in Ihrem Land in ihrer Freizeit?

Prüferfragen zu der Stufe B 1 könnten bei diesem Thema sein:

Was machen Sie lieber in ihrer Freizeit? in der Familie: fernsehen oder Spiele spielen? Oder etwas anderes? Gibt es besondere Spiele in Ihrem Land, die man hier in Deutschland nicht kennt? Finden Sie es problematisch, wenn man viel fernsieht?

Die folgenden Redemittel können Ihnen helfen, wenn Sie antworten.

Redemittel

- *Meine Erfahrungen damit sind …*
- *Bei uns / in meinem Land ist das ganz ähnlich / genau so / ganz anders.*
- *Ich möchte ein Beispiel nennen. / Zum Beispiel …*

Sprechen

Teil 3

Sprechen Teil 3: Gemeinsam etwas planen

In diesem Prüfungsteil sollen Sie gemeinsam mit Ihrer Prüfungspartnerin / Ihrem Prüfungspartner etwas planen.

Sie sollen Ihrem Prüfungspartner / Ihrer Prüfungspartnerin Ihre Ideen mitteilen, Vorschläge machen, auf Vorschläge der Prüfungspartnerin / des Prüfungspartners reagieren und mit ihr/ihm eine gemeinsame Lösung finden.

Was sollen Sie tun?

Sie bekommen beide die gleichen Aufgabenblätter mit der Aufgabe und einigen Stichwörtern. Planen Sie gemeinsam, was Sie tun oder besorgen möchten.

Dieser Prüfungsteil ist ein Rollenspiel. Lesen Sie sich die Situationsbeschreibung genau durch.

 Führen Sie mit Ihrer Partnerin / Ihrem Partner ein Gespräch und kein einseitiges Interview. Schauen Sie beim Sprechen Ihre Prüfungspartnerin / Ihren Prüfungspartner an, nicht die Prüfenden.

Lösen Sie zur Vorbereitung die folgende Aufgabe.

1 Arbeiten Sie zu zweit. Lesen Sie die folgende Situation und notieren Sie – jede/r für sich – zu jedem Punkt mindestens einen Vorschlag. Vergleichen Sie dann Ihre Vorschläge und einigen Sie sich jeweils auf einen Vorschlag.

Ihre Deutschlehrerin wird am kommenden Samstag 50 Jahre alt. Ihr Kurs möchte sie mit einer Geburtstagsparty überraschen.

- Wann?
- Wo?
- Geschenk?

Was ist Ihnen schwergefallen, was ging gut?

Die folgende Aufgabe entspricht der Aufgabenstellung bei der Paarprüfung. Versuchen Sie zu zweit, ein Gespräch zu führen.

Sprechen

Teil 3

Teilnehmer/in A und B

Teil 3: Gemeinsam etwas planen

Sie wollen am letzten Kurstag in der Schule zusammen feiern. Gemeinsam mit Ihrer Prüfungspartnerin oder Ihrem Prüfungspartner wollen Sie für diese Party etwas kochen.

Planen Sie, was Sie tun möchten. Hier sind einige Notizen:

- Was kochen?
- Wer kauft ein?
- Getränke?
- Wer bezahlt?
- Weitere Ideen für die Party?
- …?

Wie ist es gelaufen? Waren Sie mit Ihrem Gespräch zufrieden?

Sie können im Lösungsheft ein Beispiel für diesen Prüfungsteil nachlesen.

Im Folgenden möchten wir Ihnen einige Tipps zu diesem Prüfungsteil geben.

Sprechen
Teil 3

Schritt 1: Die Aufgabe lesen und verstehen

Sie müssen die Aufgabe zuerst gut verstehen, damit Sie wissen, für was Sie planen sollen. Lesen Sie sie durch, oder achten Sie darauf, was der Prüfer oder die Prüferin dazu sagt. Beginnen Sie dann, mit Ihrem Gesprächspartner oder Ihrer Gesprächspartnerin zu sprechen.

Schritt 2: „Du" oder „Sie"?

Bevor Sie anfangen, mit Ihrer Prüfungspartnerin oder Ihrem Prüfungspartner zu planen, klären Sie, ob Sie „du" oder „Sie" sagen wollen. Fragen Sie z. B.: „Wollen wir ‚du' sagen?"
Wenn Sie in der Prüfung zwischen „du" und „Sie" wechseln, ist das ein Fehler.

Schritt 3: Gemeinsam planen

Sprechen Sie ausführlich zu jedem Vorschlag. Machen Sie zu jedem Punkt einen Vorschlag und reagieren Sie auf die Vorschläge Ihres Partners oder Ihrer Partnerin. Sagen Sie nicht nur „ja" oder „nein", sondern sprechen Sie in längeren Sätzen.

Es ist in der Prüfung kein Problem, wenn Sie etwas nicht verstanden haben. Fragen Sie einfach nach. Schauen Sie beim Sprechen Ihre Prüfungspartnerin / Ihren Prüfungspartner an.

Die folgenden Redemittel können Ihnen bei diesem Prüfungsteil helfen.

Redemittel

etwas vorschlagen

- *Ich habe eine Idee / einen Vorschlag: …*
- *Ich schlage vor, dass …*
- *Mein Vorschlag ist …*
- *Wollen wir …?*
- *Wir könnten auch …*
- *Was hältst du / Was halten Sie davon, wenn …?*
- *Wie findest du / finden Sie …?*
- *Was meinst du / meinen Sie, wenn …?*
- *Vielleicht wäre es besser, wenn …*

☺ **zustimmen**

- *Ja, das ist eine gute Idee / ein guter Vorschlag.*
- *Wir könnten auch noch …*
- *Das gefällt mir.*
- *Wir dürfen aber nicht vergessen, …*
- *Das finde ich gut/super/prima. Weiter finde ich wichtig …*
- *Ich bin einverstanden.*
- *Damit bin ich einverstanden.*
- *Du hast / Sie haben Recht, so machen wir es.*

1 Sprechen
Teil 3

☹ **ablehnen**

- *Das finde ich nicht gut. Ich habe eine andere Idee: …*
- *Ich bin (ganz) anderer Meinung. Wir sollten …*
- *Das kommt nicht in Frage, so geht es nicht. Wir müssen auf jeden Fall zuerst …*
- *Es tut mir leid, aber ich kann dir/Ihnen nicht zustimmen.*
- *Besser wäre es, wenn …*

+/– 😐 **weder – noch**

- *Ich weiß nicht. Vielleicht sollten wir eher …?*
- *Vielleicht können wir das so machen, aber …*
- *Das ist ein ganz guter / kein schlechter Vorschlag, aber …*
- *Ich finde es besser, wenn …*

nachfragen

- *Tut mir leid, ich habe dich/Sie nicht verstanden.*
- *Kannst du / Können Sie / das bitte wiederholen / noch einmal sagen?*

Ihnen fällt ein Wort auf Deutsch nicht ein.

Sagen Sie offen, dass Ihnen das Wort nicht einfällt. Vielleicht kann Ihnen Ihre Prüfungspartnerin / Ihr Prüfungspartner oder die/der Prüfende helfen:
- *Tut mir leid. Mir fällt das richtige Wort nicht ein.*
- *Wie heißt das noch einmal auf Deutsch?*

Wiederholen Sie, was Sie gerade gesagt haben. Dann haben Sie etwas Zeit, um zu überlegen und wieder ruhig zu werden:
- *Ich möchte noch einmal sagen, dass …*

Vielleicht redet Ihre Prüfungspartnerin / Ihr Prüfungspartner sehr viel und lässt Sie nicht zu Wort kommen. Dann sagen Sie zum Beispiel:

- *Moment bitte, darf ich dazu auch etwas sagen?*
- *Darf ich bitte ausreden?*

Ihre Prüfungspartnerin / Ihr Prüfungspartner weiß nicht mehr weiter oder sagt überhaupt nichts.

Stellen Sie ihr/ihm eine Frage, um sie/ihn wieder ins Gespräch zu bringen:
- *Meinst du / Meinen Sie vielleicht, dass …?*
- *Was hältst du / halten Sie davon, wenn wir …?*

Sprechen

Vorbereitung im Kurs

Vorbereitung auf den Prüfungsteil Sprechen im Kurs

Teil 1

Arbeiten Sie zu zweit und stellen Sie sich gegenseitig vor.

Lesen Sie zuerst die Redemittel auf S. 52 und notieren Sie ganze Sätze für Ihre eigene Vorstellung. Üben Sie dann zu zweit: der/die erste stellt sich vor, danach stellt der/die andere einige Zusatzfragen.

Teil 2

1   Suchen Sie Fotos in deutschen Zeitungen und Zeitschriften und bringen Sie diese in den Kurs mit. Arbeiten Sie zu zweit. Beschreiben Sie Ihrer Partnerin / Ihrem Partner Ihre Fotos. Sie oder er macht sich Notizen und stellt Ihnen anschließend Fragen dazu.

2   Schauen Sie sich noch einmal das Foto auf S. 53 an (Sprechen Teil 2, Übung 1) und sprechen Sie über das Foto. Welche Erfahrungen haben Sie mit diesem Thema gemacht?

Teil 3

Setzen Sie sich im Kreis zusammen. Einer macht einen Vorschlag zu einem Thema (z. B. „Was unternehmen wir heute nach dem Kurs?"). Alle anderen reagieren nacheinander auf den Vorschlag und machen einen weiteren Vorschlag.

Beispiel:
„Ich schlage vor, dass wir alle in ein Café gehen."
„Das ist zwar eine gute Idee, aber wir sind viel zu viele. Wäre es nicht besser, wenn wir im Park spazieren gehen?"
„Nein, das finde ich nicht gut. Draußen ist es doch zu kalt. Was haltet ihr davon, wenn …?"
…

2 Wortschatztraining

Personalien

Informationen zur Person

1 Sich begrüßen. Was passt? Ergänzen Sie den Dialog.

Stelle – freut – arbeite – von Beruf – vorstellen

● Guten Tag, ich wollte mich _____ (1). Mein Name ist Zarella. Wir sind letzte Woche hier ins Haus gezogen.

▶ Guten Tag, _____ (2) mich. Ich bin Martin Schneider. Ich habe Sie gestern schon im Eiscafé an der Ecke gesehen. Arbeiten Sie dort?

● Ja, im Moment _____ (3) ich dort als Kellner. Eigentlich bin ich _____ (4) Koch, aber ich habe noch keine _____ (5) gefunden. Wir sind erst seit einem halben Jahr in Deutschland. Ich muss auch noch besser Deutsch lernen.

▶ Aber Sie sprechen doch schon sehr gut Deutsch …

2 Sich verabschieden. Was passt? Ergänzen Sie den Dialog.

Gute – gern – besuchen – umziehen – schade – leider

● Ich habe eine Arbeit gefunden. _____ (1) kann ich dann nicht mehr in den Deutschkurs kommen.

▶ Das ist wirklich _____ (2). Wir bleiben aber in Kontakt.

● Auf jeden Fall. Für die Arbeit muss ich nach Wolfsburg _____ (3). Du musst mich dann unbedingt _____ (4).

▶ Das mache ich _____ (5). Ich wünsche dir viel Glück und alles _____ (6).

3 Ergänzen Sie die Sätze.

1. Ich heiße _____.
2. Ich lebe seit _____ in Deutschland.
3. Ich komme aus _____.
4. Ich bin in _____ geboren.
5. Ich wohne in _____.
6. Seit _____ lerne ich Deutsch.
7. Ich spreche _____.
8. Meine Familie lebt in _____.

Wortschatztraining 2
Personalien

4 Wie lauten die Fragen zu den Antworten? Schreiben Sie.

1. _____? – Ich bin 1980 geboren.
2. _____? – Ich bin Spanier.
3. _____? – Ja, ich bin verheiratet.
4. _____? – Ja, eine Schwester und zwei Brüder.
5. _____? – Nein, wir haben keine Kinder.
6. _____? – Meine Mutter ist 50 Jahre alt.
7. _____? – Ich spreche Spanisch und Deutsch.

5 Die Familie. Ergänzen Sie die männliche oder die weibliche Form.

1. der Vater — die *Mutter*
2. der _____ — die Großmutter
3. der Bruder — die _____
4. der Neffe — die _____
5. der _____ — die Cousine
6. der Onkel — die _____
7. der Schwiegervater — die _____
8. der _____ — die Schwägerin
9. der Sohn — die _____
10. der _____ — das Mädchen

6 Meine Familie. Ergänzen Sie.

1. Der Bruder meines Vaters ist mein _____.
2. Die Frau meines Bruders ist meine _____.
3. Der Bruder meiner Frau ist mein _____.
4. Die Schwester meiner Mutter ist meine _____.
5. Der Sohn meines Onkels ist mein _____.
6. Die Tochter meines Onkels ist meine _____.
7. Die Eltern meiner Frau sind meine _____.
8. Ich habe vier _____, zwei Brüder und zwei Schwestern.
9. Der Sohn meiner Schwester ist mein _____.

7 Welches Wort passt nicht? Streichen Sie es durch.

1. Adresse: die Straße – die Staatsangehörigkeit – der Platz – die Hausnummer – die Postleitzahl
2. Name: der Vorname – der Nachname – die Personalien – ledig – heißen
3. Familienstand: ledig – verheiratet – geschieden – verwitwet – allein
4. Familie: der Bruder – der Schwager – der Cousin – die Freundin – die Nichte
5. Hochzeit: die Heirat – die Braut – die Ehe – die Scheidung – die Liebe

2 Wortschatztraining

Wohnen

Wohnen

1 Wohin gehören diese Möbel und Sachen? Machen Sie eine Tabelle und ordnen Sie zu. Manchmal gibt es mehrere Möglichkeiten.

die Badewanne – das Bett – das Bücherregal – die Couch – die Dusche – der Fernseher – das Geschirr – der Herd – die Kaffeemaschine – der Kleiderschrank – der Kühlschrank – die Mikrowelle – das Sofa – der Tisch – der Sessel – der Spiegel – der Stuhl – das Waschbecken – die Waschmaschine

Wohnzimmer	Schlafzimmer	Küche	Bad
			die Badewanne

2 Wie heißen die Wörter? Lösen Sie das Kreuzworträtsel.

1. Die Wohnung ist nicht teuer. Ich zahle nur 300 € …
2. Es ist kalt. Mach doch mal die … an.
3. Der Fernseher ist nicht kaputt. Du hast vergessen, den … in die Steckdose zu stecken.
4. Er liegt auf dem Boden und ist oft bunt und weich.
5. Das sind aber schöne Blumen. Stell sie schnell in die …
6. Wir müssen noch die Lampen an die … hängen.
7. In meiner alten Wohnung musste ich viele … steigen, weil es im Haus keinen Aufzug gab.
8. Ich bin müde. Ich lege mich jetzt ins …
9. Du kannst das Auto in die … stellen.
10. Ich habe das Bild an die … gehängt.
11. Zu unserem Haus gehört ein schöner … mit vielen Blumen und Bäumen.

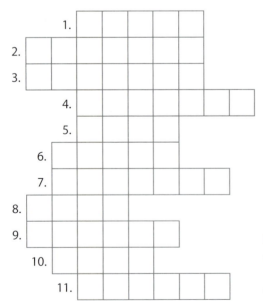

Lösung: Ein Dokument, das man unterschreibt, wenn man in eine Wohnung einzieht, heißt

_____.

Wortschatztraining

Wohnen

3 Welche Verben passen? Kreuzen Sie an.

	einrichten	kündigen	einschalten	ausmachen	einziehen	öffnen
die Wohnung	X	X				
in eine Wohnung						
den Fernseher						
die Waschmaschine						
das Fenster						
den Mietvertrag						

4 Wohnungsanzeigen. Schreiben Sie die richtigen Abkürzungen aus der Anzeige in die Lücken.

> Frankfurt/Bornheim, 2 Zi, Wfl. 50 m², EBK, großer Blk., EG, 500 Euro + NK, 2 MM KT

1. Monatsmieten _____
2. Balkon _____
3. Wohnfläche _____
4. Zimmer _____
5. Quadratmeter _____
6. Einbauküche _____
7. Kaution _____
8. Erdgeschoss _____
9. Nebenkosten _____

5 Auf Wohnungssuche. Was fragt der Anrufer? Schreiben Sie die Fragen auf.

1. _____? – Ja, sie ist noch frei.
2. _____? – Die Wohnung ist 50 m² groß.
3. _____? – Zwei Monatsmieten.
4. _____? – Für Heizung und Wasser 150 €.
5. _____? – Zur U-Bahn sind es drei Minuten.
6. _____? – Heute Abend um 20 Uhr.

6 Im Haus. Was passt zusammen? Verbinden Sie die Wörter. Schreiben Sie sie mit Artikel auf. Es gibt manchmal mehrere Möglichkeiten.

1. Haus   a zimmer   1. _____
2. Kinder   b meister   2. _____
3. Müll   c boden   3. _____
4. Treppen   d tonne   4. _____
5. Dach   e haus   5. _____

2 Wortschatztraining

Arbeit

Arbeit

1 Berufe und Tätigkeiten. Wer macht was? Schreiben Sie Sätze. Es gibt manchmal mehrere Möglichkeiten.

Arzt/Ärztin	verkaufen	Autos
Lehrer/in	entwickeln	Gebäude
Sekretärin	arbeiten	kranke Menschen
Taxifahrer	unterrichten	Rechnungen
Handwerker/in	putzen	Patienten
Verkäufer/in	bedienen	Software
Informatiker/in	schneiden	Schüler
Kellner/in	reparieren	am Computer
Krankenschwester	schreiben	Briefe
Friseur/in	untersuchen	Waren
Automechaniker/in	pflegen	Zeitschriften
Kioskbesitzer	fahren	Haare
Reinigungskraft		Menschen
		Sachen

Beispiel: *Der Automechaniker repariert Autos.*

2 Berufsgruppen. Ergänzen Sie weitere Berufe.

1. Verkehr: Taxifahrer/in, _____
2. Gesundheit: Arzt/Ärztin, _____
3. Hotel und Gaststätten: Koch/Köchin, _____
4. Erziehung/Ausbildung: Lehrer/in, _____
5. Dienstleistungen/Handel: Bankkaufmann/-kauffrau, _____
6. Öffentlicher Dienst: Polizist/in, _____

3 Fragen und Antworten. Was passt am besten? Orden Sie die Sätze richtig zu.

1. Arbeiten Sie für Menschen?
2. Haben Sie feste Arbeitszeiten?
3. Ist die Arbeit anstrengend?
4. Arbeiten Sie im Büro?
5. Sind Sie selbstständig?
6. Stellen Sie etwas her?
7. Arbeiten Sie mit Menschen zusammen?
8. Haben Sie ein gutes Gehalt?

a Nein, die Arbeit ist leicht.
b Ja, ich verdiene nicht schlecht.
c Nein, ich arbeite im Schichtdienst.
d Ja, ich habe einen eigenen Betrieb.
e Nein. Ich arbeite in der Fabrik.
f Ja, ich arbeite in einem netten Team.
g Ja, ich arbeite in einem Pflegeberuf.
h Ja, wir produzieren Autoreifen.

Wortschatztraining

Arbeit

4a Was passt zusammen? Verbinden Sie. Schreiben Sie dann die Wörter mit Artikel.

1. Land — e wirtschaft — *die Landwirtschaft*
2. Über — d stunden — _____
3. Betriebs — b rat — _____
4. Werk — c statt — _____
5. Abteilungs — a leiter — _____

4b Ergänzen Sie mit Wörtern aus 4a.

1. Der Chef meiner Abteilung ist der _____.
2. Ich muss heute länger arbeiten. Ich muss _____ machen.
3. Die Arbeitnehmer wählen einen _____.
4. Ein Automechaniker arbeitet in einer _____.
5. Mein Freund ist Bauer, er arbeitet in der _____.

5 Ergänzen Sie die Wörter aus dem Kasten. Nicht alle Wörter passen.

angestellt – Arbeitgeber – Arbeitnehmer – Aushilfe – Einstellung – Gewerkschaft – Kündigung – Praktikum – Rente – Schichtarbeit – Streik – Teilzeit – Urlaub

1. Ein anderes Wort für Arbeiter und Angestellte ist *Arbeitnehmer*.
2. Mein Freund macht _____, er arbeitet manchmal morgens, manchmal abends, manchmal nachts. Das ist sehr anstrengend.
3. Die Organisation der Arbeitnehmer nennt man die _____.
4. Wenn ich meine Arbeit verliere, bekomme ich die _____.
5. Wir suchen eine freundliche _____ für unser Geschäft.
6. Tom war lange selbstständig, jetzt hat er aber eine feste Stelle und bekommt jeden Monat sein Gehalt. Er ist _____.
7. Frau Schmidt ist 60 Jahre alt. Sie hört jetzt auf zu arbeiten und geht in _____.
8. Ich habe noch keine Berufserfahrung, aber ich habe im letzten Jahr ein _____ bei Siemens gemacht.
9. Seit Ludmilla ein Kind hat, arbeitet sie nur noch _____.
10. Wenn ihre Forderungen nicht erfüllt werden, organisieren die Arbeiter einen _____.

2 Wortschatztraining

Arbeit

6 Finden Sie Wörter mit gleicher oder ähnlicher Bedeutung. Ergänzen Sie.

1. der Bauer – der Land _w i r t_
2. produzieren – her __ __ __ __ __ __
3. die Firma – der Be __ __ __ __
4. der Lohn – das Ge __ __ __ __

7 Herr Phan hat einen Kiosk. Lesen Sie den Text und lösen Sie die Aufgaben.

> „Seit einem Jahr habe ich einen Kiosk. Ich verkaufe Zeitungen, Tabak, Getränke und Schokolade. Die Arbeit ist sehr interessant, denn ich habe mit vielen Menschen zu tun. Die Arbeit ist aber sehr anstrengend, weil ich auch abends und am Wochenende arbeiten muss. Meine Familie hilft mir, wenn sie kann, sodass ich etwas mehr Zeit für mich habe.
> 5 Ein Problem ist, dass hier gegenüber jetzt ein großer Supermarkt aufgemacht hat. Dort sind die Waren billiger und viele meiner Kunden kaufen jetzt dort ein. So läuft mein Geschäft im Moment nicht mehr so gut. Um weiter von meinem Kiosk leben zu können, möchte ich Sachen anbieten, die es im Supermarkt nicht gibt. Ich kann kleine Speisen zubereiten, einen Mittagstisch anbieten. Gerade habe ich einen Brief an die Stadtver-
> 10 waltung geschrieben, um zu erfahren, welche Genehmigungen ich dafür brauche. Ich habe keine Angst vor der Konkurrenz. Viele Leute mögen den persönlichen Kontakt. Das finden sie an meinem Kiosk und nicht im Supermarkt."

a. Suchen Sie die Wörter im Text, die passen, und tragen Sie sie ein.

1. eine kleine Verkaufsstelle für Zeitungen, Tabak: der _____
2. eine Erlaubnis: die _____
3. andere Händler, die das gleiche Ziel haben: die _____

b. Ergänzen Sie die passenden Verben aus dem Text. Tragen Sie sie ein.

1. Zeit für sich _____
2. Speisen _____
3. eine Genehmigung _____
4. mit vielen Menschen zu tun _____

8 Die Gehaltsabrechnung. Was passt zusammen? Notieren Sie mit Artikel.

Renten – ~~Solidar~~ – Brutto – Sozial – Lohn – Kirchen

versicherung – steuer – steuer – versicherung – gehalt – ~~zuschlag~~

1. _der Solidarzuschlag_
2. _____
3. _____
4. _____
5. _____
6. _____

Wortschatztraining

Arbeitssuche

Arbeitssuche

1a Was passt zusammen? Verbinden Sie und schreiben Sie die Wörter mit Artikel. Manchmal sind mehrere Lösungen möglich.

1. Neben — a gespräch — *der Nebenjob*
2. Zeitarbeits — b lohn — _____
3. Stunden — c erfahrung — _____
4. Stellen — d firma — _____
5. Urlaubs — e stelle — _____
6. Halbtags — f vertretung — _____
7. Berufs — g job — _____
8. Vorstellungs — h lauf — _____
9. Lebens — i anzeigen — _____

1b Ergänzen Sie die Sätze mit Wörtern aus 1a.

1. Ich habe viele Bewerbungen geschrieben. Heute bin ich zu einem _____ eingeladen.
2. Das Jobcenter hat keine Arbeit für mich. Jetzt versuche ich es bei einer _____.
3. Ich suche einen Job mit einem höheren _____. Jetzt verdiene ich nur 8 €.
4. Ich suche einen _____, vielleicht ein paar Mal pro Woche morgens Zeitungen austragen.
5. Um eine Arbeit zu finden, schaue ich mir nicht nur die _____ in der Zeitung an, sondern auch die im Internet.
6. Ich habe _____ und gute Fachkenntnisse als Elektriker.

2 Auf Arbeitssuche. Ergänzen Sie den Dialog.

● Ich rufe wegen Ihrer Anz _ _ _ _ an. Ist die St _ _ _ _ noch frei?

▶ Ja, sie haben Glück.

● Wie ist die A _ _ _ _ _ _ z _ _ _ ?

▶ Das ist unterschiedlich. Sie arbeiten eine Woche von 12–20 Uhr, und eine Woche von 6–14 Uhr. Manchmal auch am Wochenende. Es gibt also keine Nachtsch _ _ _ _.

▶ Ok, das klingt gut.

2 Wortschatztraining

Arbeitssuche

3 Sie suchen eine Arbeit. Welche Anzeige passt zu welcher Situation? Tragen Sie den richtigen Buchstaben ein.

1. Sie können gut Wände streichen, möchten aber nicht im Verkauf arbeiten. _____

2. Sie suchen eine Putzstelle. Die alte gefällt Ihnen nicht mehr, weil sie dort nur wenige Stunden am Tag arbeiten können. _____

3. Sie haben den Führerschein Klasse C und suchen eine Stelle als Fahrer. _____

a

Wir suchen ab sofort eine zuverlässige
Reinigungskraft (w/m)
Die Stelle wird zuerst in Zeitarbeit besetzt und kann dann in eine Festanstellung übergehen.
Sie haben Erfahrung im Bereich der Büroreinigung. Sie arbeiten eigenverantwortlich in einem kleinen Team.

b

Der **Verein Arbeit und Soziales** sucht
einen Koordinator (m/w)
für seine Bereiche
- Haushaltshilfe,
- Gartenhilfe und
- Fahrdienste.

Sie werden von kompetenten Sozialarbeitern unterstützt.

c

VEGA-Baumarkt
sucht freundliche/n **Verkäufer/in** oder **Kundenberater/in** für die Farbenabteilung. Berufserfahrung als Maler und Lackierer von Vorteil.

d

Euro-Pizza
sucht zuverlässige und freundliche Mitarbeiter für den Bereich Service sowie Fahrer für die Auslieferung.

e

Reinigungsunternehmen
sucht
flexible Mitarbeiterinnen auf 400 €-Basis.
Gerne mit Führerschein,
da unterschiedliche Einsatzorte.

f

Maler / Tapezierer
für gelegentliche Kleinaufträge gesucht.
Führerschein von Vorteil …

4 Was Firmen erwarten. Ergänzen Sie.

1. Ich komme nie zu spät. Ich bin immer _pünktlich_.

2. Man kann sich auf mich verlassen. Ich bin zuver_____.

3. Wenn man kein Problem hat, manchmal auch abends oder am Wochenende zu arbeiten, ist man fl_____bel.

4. Elena ist wirklich fl_____ig. Sie nimmt sich oft Arbeit nach Hause mit.

5. Als Verkäufer sollte man immer fr_____lich sein.

Wortschatztraining 2

Mediennutzung

Mediennutzung

1 Ein Fernsehprogramm. Was passt? Ordnen Sie die Sendungen zu.

1. Krimi _____
2. Talkshow _____
3. Serie _____
4. Dokumentarfilm _____
5. Kindersendung _____
6. Nachrichten _____
7. Quiz-Sendung _____
8. Sportsendung _____
9. Science-Fiction-Film _____

a **15.00 Willy will's wissen**
Heute: Was sind Farben? Wieso ist das Meer blau und die Sonne gelb? Auch für Erwachsene.

b **16.00 Die fantastische Reise mit dem Golfstrom**
Ein Film über den Golfstrom, der in jeder Sekunde bis zu einhundertmal so viel Wasser wie alle Flüsse der Erde transportiert.

c **16.30 Hermannstraße**
Folge 38. Hat der boshafte Erik bei Irina Erfolg?

d **17.00 Biathlon Damen, Skispringen**
Live-Sendung

e **20.00 Tagesschau**
Informationen aus aller Welt

f **20.15 Wer weiß am meisten?**
Hauptgewinn: 50.000 €

g **21.00 Tödliche Party**
Die Party auf einem Ausflugsschiff endet für einen der Gäste tödlich. Ein Fall für Kommissar Koch.

h **22.30 Gefahr aus dem All**
Beim Kampf gegen ein Monster von einem fernen Stern hilft ein Wunderheiler.

i **24.00 Gespräch um Mitternacht**
Jens Weinberger spricht mit interessanten Gästen.

2 Der Computer. Ordnen Sie zu.

1. der Computer – 2. der Bildschirm/Monitor –
3. die Maus – 4. die Tastatur –
5. das CD-ROM-Laufwerk – 6. der Drucker –
7. der Scanner – 8. das Kabel –
9. der Lautsprecher

3 Welches Wort passt nicht? Streichen Sie es durch.

1. eine Datei: öffnen – speichern – drucken – ausschalten
2. eine CD: kaufen – umtauschen – verbinden – hören
3. eine SMS: schreiben – beantworten – senden – surfen
4. den Computer: anmachen – arbeiten – abschalten – reparieren

4 Wie schreiben Sie einen Text am Computer? Ordnen Sie und schreiben Sie Sätze.

Computer einschalten – Text drucken – Datei schließen – Text schreiben – neue Datei öffnen – Datei speichern – Computer ausschalten

Zuerst schalte ich den Computer ein. Dann ...

2 Wortschatztraining

Mediennutzung

5 Was kann man im Internet machen? Ordnen Sie zu und schreiben Sie Sätze.

Preise – Informationen – Waren – Leute – Radio – Deutsch – ~~mit anderen Leuten~~

lernen – kaufen – ~~chatten~~ – vergleichen – bestellen – bekommen – hören – kennen lernen

Beispiel: *Im Internet kann man mit anderen Leuten chatten.*

6 Meinungen. Ergänzen Sie die richtigen Wörter.

gefällt – Meinung – finde – Vorteile – weiß

- Ich habe ein Problem. Laura und Jens sitzen den ganzen Tag vor dem Fernseher. Ich _____ (1) das gar nicht gut. Ich _____ (2) nicht, sollen wir unseren Fernseher verkaufen?
▸ Meiner _____ (3) nach hat Fernsehen viele _____ (4). Es gibt viele interessante Sendungen. Man muss nur auswählen und sich Zeit nehmen, mit den Kindern gemeinsam fernzusehen.
- Aber wir arbeiten den ganzen Tag.
▸ Die beiden können nachmittags zu uns kommen. Tobias _____ (5) es, wenn andere Kinder da sind.

7 Wer nutzt welches Medium? Ordnen Sie zu.

Radio – informiert – Tageszeitung – Buch – Internet – Zeitschriften – Sendungen – fern

- Ich höre gerne gute Musiksendungen und Nachrichten im _____ (1). Dort finde ich immer interessante _____ (2) und aktuelle Informationen.
▸ Ich lese morgens auf dem Weg zur Arbeit die _____ (3), abends lese ich gern mal ein _____ (4).
- Also ich lese auch sehr gerne, sehe aber nicht so gerne _____ (5). Ich bin trotzdem gut _____ (6), weil ich gute _____ (7) lese.
▸ Ja, aber ich suche auch häufig Informationen im _____ (8) und tausche mich mit anderen Nutzern online aus.

Wortschatztraining

Mobilität

1 Verkehrsmittel. Ergänzen Sie die Wörter mit Artikel.

1. <u>das</u> Au<u>t</u><u>o</u>
2. ___ Fa__r_d
3. ___ Stra__nb__n
4. ___ U-___n
5. ___ Fl__z__g
6. ___ S___ff
7. ___ Fä_r_
8. ___ Motor__d
9. ___ Z_g

2 Lösen Sie das Wörterrätsel zum Thema Mobilität. Wie heißt das Lösungswort?

1. Ich hätte gern eine … nach München.
2. Hin und …, bitte.
3. Das Gegenteil von Ankunft
4. Der Zug kommt erst in einer halben Stunde. Er hat schon wieder …
5. Der Zug fährt von … 5 ab.
6. Zahlen Sie mit Karte oder …?
7. Ist die Verbindung direkt oder muss ich …?
8. Ein anderes Wort für Koffer, Taschen usw.
9. Ein anderes Wort für Station
10. Wo ist die Tankstelle? Wir haben kein … mehr.
11. Sie dürfen nur geradeaus fahren. Sie dürfen nicht …
12. Schiffe kommen im … an

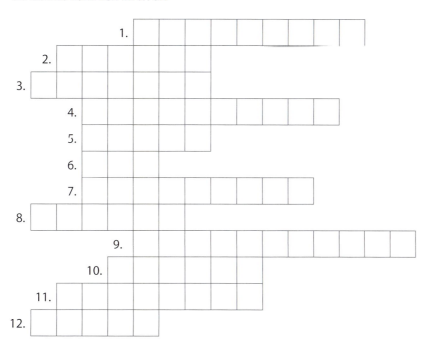

Lösung: _____

2 Wortschatztraining

Mobilität

3 Verkehrsbedingungen. Ergänzen Sie.

Verkehrsmittel – Ampel – Einbahnstraße – Parkuhr – Stau – Fußgängerzone – Geschwindigkeitsbeschränkung – Umleitung

1. In diesem Wohngebiet gilt eine _____ von 30 km/h.
2. Siehst du nicht die _____? Sie steht auf Rot.
3. In der _____ dürfen keine Autos fahren.
4. Die Kaiserstraße ist eine _____. Sie dürfen nur in eine Richtung fahren.
5. Haben Sie Kleingeld für die _____?
6. Es gibt wenige Parkplätze. Nehmen Sie doch die öffentlichen _____.
7. Auf dieser Autobahn gibt es einen _____. Nehmen Sie die _____.

4 Lesen Sie die Verkehrsmeldungen. Was ist richtig? Markieren Sie.

Zwischen den Straßen Alexanderschanze und Fritzschestraße ist die Bundesstraße B 500 in beiden Richtungen wegen Bauarbeiten gesperrt. Die Umleitung ist gut ausgeschildert und führt über die B 203. Größere Verkehrsbehinderungen werden nicht erwartet.

Auf der Bundesstraße B 104 zwischen Rampe und Cambs ist der rechte Fahrstreifen wegen eines schweren Verkehrsunfalls blockiert. Geschätzte Dauer der Behinderung: vier Stunden. Es besteht Staugefahr. Fahren Sie bitte langsam.

	richtig	falsch
1. Auf der B 500 gibt es eine Baustelle.	○	○
2. Auf der B 104 ist seit vier Stunden Stau.	○	○

5 Welche Anzeige passt? Ordnen Sie zu.

1. Sie möchten Urlaub in den Bergen machen. _____
2. Sie planen Ihren Familienurlaub. Die Kinder schwimmen gern und lieben Tiere. _____
3. Sie möchten Badeurlaub machen. _____

a
HOTEL LÜNEBURGER HEIDE
großes Schwimmbad, viele attraktive Freizeitangebote, Pony-Reiterhof für Groß und Klein
Tel: 06196/20355

b
Familienferien auf dem **Schwarzwälder Hof**
- Bauernhof in einem schönen Ski- und Wandergebiet
- Ferienwohnungen - Appartements

www.schwarzwald-tour-info.de

c
Es muss nicht immer Urlaub am Meer sein!

Auch an den schönen Seen Brandenburgs werden Sie sich wohl fühlen.

Informationen:
www.brandenburg-tourismus.de

Wortschatztraining

Gesundheit

Gesundheit

1   Suchen Sie zwölf Körperteile und notieren Sie sie mit Artikel. Ergänzen Sie dann die Pluralformen.

H	A	N	D	L	O	K	Z	M
E	R	A	J	K	H	N	A	K
I	M	C	K	O	P	F	H	A
H	H	H	Ä	N	D	I	N	U
A	A	G	B	E	I	N	N	G
A	L	K	N	I	E	G	E	E
R	S	A	N	A	S	E	G	Ö
B	O	M	X	O	H	R	E	R

die Hand, die Hände   _____, _____

_____, _____   _____, _____

_____, _____   _____, _____

_____, _____   _____, _____

_____, _____   _____, _____

_____, _____   _____, _____

2   Welche Körperteile passen zu den Verben? Notieren Sie sie mit Artikel.

1. hören _____   5. essen _____
2. lesen _____   6. laufen _____
3. schreiben _____   7. riechen _____
4. sprechen _____   8. schwimmen _____

3   Wie heißen die Gegenteile? Notieren Sie.

1. wach _____   6. frieren _____
2. nervös _____   7. hungrig _____
3. krank _____   8. Stress _____
4. weinen _____   9. sich schlecht fühlen _____
5. aufwachen _____   10. stark _____

2 Wortschatztraining

Gesundheit

4 Welches Wort passt nicht? Streichen Sie durch.

1. die Drogerie – die Sprechstunde – die Praxis – der Termin
2. die Erkältung – das Rezept – der Schnupfen – der Husten
3. die Grippe – das Fieber – die Operation – die Temperatur
4. das Krankenhaus – die Besuchszeit – die Klinik – das Pflaster
5. die Tablette – das Verbandszeug – die Tropfen – die Pille

5 Gesundheit in Deutschland. Ergänzen Sie.

Praxisgebühr – Überweisung – Versichertenkarte – Rezept – Apotheke – Krankschreibung – Sprechstunde – Krankenkasse

Für einen Besuch beim Arzt brauchen Sie Ihre _____ (1). Jedes Quartal müssen Sie 10 Euro _____ (2) beim Arzt bezahlen. Oft haben Ärzte mittwochs keine _____ (3). Dann ist die Praxis geschlossen. Wenn Sie krank sind, bekommen Sie vom Arzt eine _____ (4). Das Original schicken Sie an Ihre _____ (5), die Kopie bekommt Ihr Arbeitgeber. Der Hausarzt schreibt eine _____ (6) für den Facharzt. Für viele Medikamente brauchen Sie ein _____ (7) vom Arzt. Damit gehen Sie in die _____ (8).

6 Ihr Kind ist krank. Sie schreiben an die Lehrerin. Was ist richtig? Markieren Sie.

> Sehr geehrte Frau Schmidt,
>
> unsere Tochter Anja ist ..1.. krank und kann deshalb diese Woche nicht in die Schule kommen. Sie hat Grippe und erhöhte ..2.. Der ..3.. hat gesagt, dass sie frühestens nächste Woche wieder in die Schule kommen kann. Ich bitte, das ..4.. von Anja zu entschuldigen.
>
> Mit freundlichen Grüßen

1. a schade
   b leider
   c morgen

2. a Krankheit
   b Wärme
   c Temperatur

3. a Krankenkasse
   b Kinderarzt
   c Versicherung

4. a Krankheit
   b Fehlen
   c Hausaufgaben

Wortschatztraining 2
Aus- und Weiterbildung

Aus- und Weiterbildung

1 Wörter rund um die Ausbildung. Ergänzen Sie die Vokale.

1. der Schul _ b s c h l _ s s
2. die P r _ f _ n g
3. die L _ h r _
4. das Z _ _ g n _ s
5. das P r _ k t _ k _ m
6. die _ n _ v _ r s _ t _ t
7. das S _ m _ s t _ r
8. die B _ r _ f s s c h _ l _

2 Berufswünsche. Was passt? Ergänzen Sie.

1. Seit zwei Jahren arbeite ich bei einem privaten Pflegedienst als Helferin. Ich habe aber keine _____ . (Arbeit/Ausbildung)

2. Mein Ziel ist: Ich möchte gerne Krankenpflegerin _____. (werden/arbeiten)

3. Vielleicht kann ich dann auch eine _____ (Weiterbildung/Arbeitsplatz) zur Kinderkrankenschwester machen.

4. Ich denke, ich werde das schnell lernen, weil ich schon _____ (Bewerbung/Erfahrungen) in der Krankenpflege habe.

3 Gespräch mit einem Berufsberater. Ordnen Sie den Dialog.

Berufsberater:

- Das ist ja schon eine lange Zeit. Haben Sie Zeugnisse und andere Unterlagen dabei? _____
- Guten Tag. Kann ich Ihnen helfen? __1__
- Haben Sie in diesem Bereich schon Berufserfahrung? _____
- An welchen Bereich haben Sie gedacht? _____

Frau Wierzbowska:

- Ja, in Polen habe ich bereits 5 Jahre als Kellnerin gearbeitet. _____
- Ja, gerne. Ich suche eine Stelle. _____
- An die Gastronomie. Auch eine Arbeit im Hotel würde mir Spaß machen. _____
- Leider nur im Original. Sie müssen noch übersetzt werden. _____

2 Wortschatztraining

Aus- und Weiterbildung

4 Welches Wort passt zu welcher Erklärung? Ordnen Sie zu.

1. Ein anderes Wort für Arbeit
2. Sie arbeiten schon lange in einem Beruf
3. Sie wollen in Ihrem Beruf noch besser werden. Sie machen eine
4. Sie finden in Ihrem alten Beruf keine Arbeit mehr. Sie machen eine
5. Fortbildungen, die acht Stunden am Tag dauern:
6. Fortbildungen, die vier Stunden am Tag dauern:
7. Sie haben eine eigene Firma gegründet. Sie sind jetzt
8. Sie müssen Ihre Ausbildung leider noch einmal machen. Sie wird in Deutschland nicht

a Fortbildung
b selbstständig
c Tätigkeit
d anerkannt
e Berufserfahrung
f Umschulung
g Teilzeitkurse
h Vollzeitkurse

5 Wie geht es beruflich weiter? Lesen Sie den Text und die Fragen. Was ist richtig?

Vorteile von KURSNET

Startseite

KURSNET – die größte deutsche Datenbank für berufliche Aus- und Weiterbildung bietet Ihnen kostenlos und tagesaktuell Weiterbildungsangebote

Finden Sie Ihr persönliches Bildungsangebot in Deutschlands **größter Datenbank für berufliche Aus- und Weiterbildung** mit über 400.000 Angeboten von ca. 15.000 Bildungsanbietern!

Informieren Sie sich **bundesweit, kostenlos, schnell und tagesaktuell** über berufliche Bildungsmöglichkeiten – vom Überblick über den Bildungsmarkt bis zu Detailinformationen der einzelnen Veranstaltung!

Suchen Sie gezielt nach Maßnahmen, die von den Arbeitsagenturen gefördert werden! Sie können zahlreiche Suchmöglichkeiten nutzen. Suchen Sie u. a. nach Unterrichtsform (z. B. Vollzeit, Teilzeit, Fernunterricht), Veranstaltungsbeginn, Veranstaltungsdauer oder Bildungsanbieter.

Geben Sie ihren gelernten Beruf ein. KURSNET schlägt Ihnen Weiterbildungsmaßnahmen vor, die zu Ihrem gelernten Beruf passen.

Das Internet-Angebot KURSNET wird herausgegeben von der Bundesagentur für Arbeit.

1. KURSNET bietet viele Informationen zur Schulausbildung.   ○ richtig   ○ falsch

2. Auf KURSNET kann man
   a sich für 15 000 Berufe bewerben.
   b sich informieren, wenn man eine berufliche Weiterbildung machen will.
   c nur dann Hilfe bekommen, wenn man von der Arbeitsagentur gefördert wird.

Wortschatztraining 2

Betreuung und Ausbildung der Kinder

Betreuung und Ausbildung der Kinder

1. Zehn Nomen zum Thema Schule. Ergänzen Sie die Vokale und die Artikel.

    1. ____ G _ mn _ s _ _ m
    2. ____ Sch _ l _ bschl _ ss
    3. ____ _ b _ t _ r
    4. ____ Z _ _ gn _ s
    5. ____ R _ _ lsch _ le
    6. ____ _ nt _ rr _ cht
    7. ____ L _ _ bl _ ngsf _ ch
    8. ____ H _ _ s _ _ fg _ b _ n
    9. ____ L _ hr _ r _ n
    10. ____ N _ t _

2. In diesem Silbenrätsel sind acht Schulfächer versteckt. Notieren Sie sie.

    ~~Bio~~ – Che – Eng – Erd – Ge – Ma – Mu – Phy – de – ~~gie~~ – kun – lisch – ~~lo~~ – ma – mie – schich – sik – sik – te – the – tik

    1. _Biologie_
    2. _____
    3. _____
    4. _____
    5. _____
    6. _____
    7. _____
    8. _____

3. Welche Schulsachen sind hier versteckt? Notieren Sie die Nomen mit Artikel.

    1. s i B e i l t t f   _der Bleistift_
    2. O d r e r n   _____
    3. l e f T a   _____
    4. t f H e   _____
    5. M r k e r a   _____
    6. S c h m a m w   _____
    7. e r e l K u g s c h r i e b   _____
    8. u c k R c s a k   _____
    9. R a u m m i g d i e r   _____
    10. h c B u   _____

4. Welche Verben passen? Kreuzen Sie an.

	machen	teilnehmen	beenden	bekommen	besuchen	mitbringen
die Schule			X		X	
eine Ausbildung						
eine Lehre						
eine Prüfung						
ein Zeugnis						
an einem Kurs						
einen Abschluss						

2 Wortschatztraining

Betreuung und Ausbildung der Kinder

5 Kinder – Eltern – Schule. Welche Wörter passen? Ergänzen Sie.

Tagesmutter – Nachhilfe – Kindergarten – Elternbeirat – Spielplatz – Elternabend

1. Eine Einrichtung für kleine Kinder ist der _____.
2. Eine _____ betreut drei bis vier Kinder. Sie wird dafür von den Eltern bezahlt.
3. Kinder spielen oft auf einem _____.
4. Paolo hat Probleme in Mathematik. Er bekommt jetzt _____.
5. Am Montag ist in der Schule meiner Kinder _____.
6. Ich bin Mitglied im _____. Die Arbeit ist sinnvoll. Wenn es Probleme in der Schule gibt, können wir sofort mit dem Direktor sprechen.

6 Welche Wörter passen? Ergänzen Sie den Text.

Universität – Ausbildung – Berufsschule – Ganztagsschulen – Gesamtschulen – Grundschule – Gymnasium

In Deutschland kommen die Kinder mit sechs Jahren in die _____ (1).

Diese Schule muss jedes Kind besuchen.

Nach dem vierten Schuljahr, in manchen Bundesländern nach dem fünften oder sechsten, können sie an verschiedene Schulen wechseln: die Hauptschule, die Realschule oder das _____ (2).

Es gibt auch _____ (3). Hier bleiben die Schüler von der ersten Klasse mindestens bis zur zehnten Klasse zusammen.

Es gibt nicht viele _____ (4), die Betreuung auch am Nachmittag anbieten. Die Schüler haben meistens nur vormittags Unterricht.

Nach der 9. oder 10. Klasse kann man sich eine Lehrstelle suchen. Man macht dann eine _____ (5) im Betrieb und besucht an ein bis zwei Tagen pro Woche die _____ (6).

Wenn man zur _____ (7) gehen möchte, braucht man das Abitur.

Wortschatztraining

Einkaufen

1 Suchen Sie zwölf Haushaltsartikel und notieren Sie sie mit Artikel.

Be – Bü – Ge – Ham – Kaf – Kühl – Na – Pfan – Sche – Schüs – Staub – Tee – Werk – ei – fee – gel – gel – ger – kan – ma – mer – ne – ne – ne – re – schi – schirr – schrank – sel – sau – sen – steck – zeug

das Besteck, _____

_____

2 Was kaufen Sie wo? Machen Sie zu den folgenden Themen jeweils ein Wörternetz.

auf dem Markt – in der Bäckerei – in der Metzgerei – in der Apotheke – im Kiosk – im Internet – aus dem Katalog

Beispiel:

3 Was ist richtig? Kreuzen Sie an.

1. Die Hose gefällt mir nicht. Kann ich sie …
   a verändern?
   b umtauschen?
   c wechseln?

2. Sie waren hinter mir! Ich bin an der …
   a Folge.
   b Reihe.
   c Richtung.

3. ● Die Kaffeemaschine funktioniert nicht.
   ▸ Haben Sie … dabei?
   a den Kassenzettel
   b den Umtausch
   c das Wechselgeld

4. Diese CD können Sie mitnehmen, Sie ist …
   a kostenlos.
   b ausverkauft.
   c bestellt.

5. Die Umkleidekabine ist dort. Da können Sie das Hemd …
   a versuchen.
   b passen.
   c anprobieren.

6. Hier ist Ihr Staubsauger. Er hat drei Jahre …
   a Garantie.
   b Quittung.
   c Umtausch.

2 Wortschatztraining

Einkaufen

4 Welches Wort passt nicht? Streichen Sie es durch.

Markt:	Gemüse – Kredit – Obst – Gewürze – Stoffe
Einkauf:	Angebot – Preis – Ware – ausgehen – bezahlen
Fußgängerzone:	Kaufhaus – Autohaus – Laden – Markt – Bäckerei
Bezahlen:	Bargeld – Ratenzahlung – Transport – ec-Karte – Quittung

5 Eine Rechnung. Ergänzen Sie.

Gesamtbetrag – Angabe – MwSt (Mehrwertsteuer) – Überweisung – fällig – geliefert

Rechnungsnummer 20133/10

Heute wurden _____:

                                                                     Preis netto

1 PC 4050 MiniTower   422,44 €

1 Monitor LCD Greenline 4211 1280x1024   140,22 €

                                     Zwischensumme   562,66 €

                       19 % _____   106,91 €

                          _____   669,57 €

Rechnungsbetrag _____ am 15.12.2010

Ich bitte um _____ auf folgendes Konto: Computer & Co, Konto-Nr. 834567-301,

Volksbank Frankfurt BLZ 501 900 00 unter _____ der Rechnungsnummer.

Vielen Dank.

6 Geschäftsverkehr. Weitere wichtige Wörter. Ergänzen Sie.

1. Wenn man eine Rechnung nicht bezahlt, bekommt man eine M_____.

2. Sie haben eine Zeitung abonniert und möchten sie nicht mehr haben. Sie schreiben eine

    K_____.

3. Sie bitten den Empfänger auch um eine schriftliche Best_____, damit Sie

    beweisen können, dass er Ihren Brief bekommen hat.

4. Möchten Sie bar bezahlen oder per Über_____?

5. Sie können auch erst bei Lie_____ bezahlen.

Essen und Trinken

1 Ordnen Sie die Lebensmittel zu. Ergänzen Sie weitere Lebensmittel, die Sie kennen.

Kartoffeln – Schinken – Bananen – Salami – Bier – Butter – Käse – Äpfel – Apfelsaft – Kuchen – Knoblauch – Salz – Zwiebeln – Wein – Eis – Birnen – Brötchen – Geflügel – Apfelsinen – Milch – Zitronen – Karotten – Tomaten – Sahne – Hähnchen – Rindersteak – Pfeffer – Brot – Schokolade – Mineralwasser – Pudding – Melonen

Milchprodukte: _____

Obst: _____

Gemüse: _____

Gewürze: _____

Wurst und Fleischprodukte: _____

Backwaren: _____

Süßigkeiten: _____

Getränke: _____

2 Bilden Sie Komposita.

Beispiel: die Speise + die Karte = die Speisekarte

1. _____

3. _____

5. _____

2. _____

4. _____

6. _____

3 Lebensmittel und Mengenangaben. Was passt? Kreuzen Sie an.

	ein Glas	eine Flasche	ein Stück	eine Tafel	eine Dose	ein Kasten	ein Päckchen
Milch	X	X				X	
Butter							
Schokolade							
Wasser							
Zucker							

2 Wortschatztraining

Essen und Trinken

4 Welche Lebensmittel sind süß, sauer, fett, scharf? Notieren Sie.

süß: _____

sauer: _____

fett: _____

scharf: _____

5 Im Restaurant. Ergänzen Sie die fehlenden Wörter.

1. ● Entschuldigung, ich habe einen Salat _____, kein Schnitzel.

   ▸ Oh, das tut mir leid, ich bringe Ihnen gleich den Salat.

2. ● Hat es Ihnen geschmeckt?

   ▸ Ja danke, nur der Braten war zu _____.

   ● Das nächste Mal empfehle ich Ihnen Rindersteak. Das ist sehr mager.

3. ● Ich hätte gern ein Wiener Schnitzel.

   ▸ Und als _____? Pommes oder Bratkartoffeln?

4. ● Wir möchten kein Fleisch. Haben Sie auch _____ Gerichte?

   ▸ Natürlich. Zum Beispiel Gemüsepfanne oder einige Nudelgerichte.

5. ● Ich hätte gern die Tagessuppe und dann die Fischplatte.

   ▸ Möchten Sie auch einen _____?

   ● Ja, haben Sie Erdbeereis?

6 Hinweise auf Lebensmitteln. Was passt? Ordnen Sie zu.

1. Recyclingflasche ohne Pfand _b_

2. 500g Hackfleisch nach dem Öffnen sofort verbrauchen ____

3. Pfandflasche für die Umwelt/MEHRWEG ____

4. Natives Olivenöl Extra, Haltbarkeitsdatum 01.10.11 ____

5. Joghurt mild. Bei +6 °C bis +8 °C mindestens haltbar bis 01.05.10. ____

a Diese Flasche können Sie im Supermarkt/Getränkemarkt zurückgeben. Sie bekommen Geld zurück.
b Diese Flasche werfen Sie in den Glascontainer. Sie bekommen kein Geld zurück.
c Dieses Produkt können Sie bis zum 1.5.2010 verwenden, wenn Sie es in den Kühlschrank tun.
d Dieses Produkt sollten Sie schnell verbrauchen.
e Dieses Produkt sollten Sie vor dem 1. Oktober 2011 verbrauchen.

Wortschatztraining

Ämter und Behörden

1 Zu welchen Behörden gehen Sie? Ordnen Sie zu.

1. Ich suche Arbeit, und melde mich bei der
2. Hier gebe ich meine Steuerklärung ab.
3. Hilfe für die Miete bekomme ich beim
4. Wenn ich heiraten möchte, gehe ich zum
5. Ich möchte Kindergeld beantragen. Ich gehe zur
6. Ich möchte mein Auto anmelden. Ich gehe zur
7. Hier können Sie Sozialhilfe beantragen.
8. Ich habe meine Tasche verloren. Ich gehe zum
9. Ich bin umgezogen. Ich möchte meine Adresse ändern lassen und gehe zum

a Wohnungsamt
b Agentur für Arbeit
c Fundbüro
d Sozialamt
e Kfz-Zulassungsstelle
f Bürgeramt/Bürgerbüro (Meldestelle)
g Familienkasse
h Standesamt
i Finanzamt

2 Was passt? Kreuzen Sie an.

	ausfüllen	abgeben	beantragen	stellen	verlängern lassen
das Kindergeld			X		
die Steuererklärung					
ein Formular					
einen Ausweis					
einen Antrag					

3 Bei Behörden. Ergänzen Sie die richtigen Wörter. Nicht alle Wörter passen.

zuständig – bereit – befristet – unbefristet – Frist – Bescheid – Monat – eintragen – beantragen – ablehnen – abgeben.

1. Guten Tag. Ich möchte Kindergeld beantragen.

    Tut mir Leid. Ich bin nicht _____ (1). Gehen Sie bitte in Zimmer 303.

2. Hier ist Ihr Formular. Es fehlen noch die Angaben zur Schule Ihrer Tochter. Die müssen Sie hier

    _____ (2). Wenn Sie für das vergangene Jahr noch Kindergeld bekommen

    möchten, denken Sie unbedingt an die _____ (3). Der 31.12. ist der letzte Tag.

3. Hier ist ihre Niederlassungserlaubnis. Sie brauchen sie nicht verlängern zu lassen, sie ist

    _____ (4).

4. Es tut mit Leid. Wir mussten Ihren Antrag leider _____ (5). Für Wohngeld

    verdienen Sie zu viel. Den _____ (6) erhalten Sie in einer Woche.

2 Wortschatztraining

Ämter und Behörden

4 Polizei, Opfer und Täter – Wer macht was? Manchmal gibt es mehrere Lösungen.

~~sich verstecken~~ – jemanden festnehmen – den Täter anzeigen – jemanden verhaften – schuld sein – Spuren suchen – die Polizei rufen – einbrechen – Zeugen suchen

Polizei	Opfer	Täter
_____	_____	_sich verstecken_
_____	_____	_____
_____	_____	_____

5 Vor Gericht. Ergänzen Sie den Text.

Urteil – Gerichtsverhandlung – Rechtsanwalt – Zeugen – schuld – beweisen

Herr Abdelnabi hatte letzten Monat einen Unfall. Er war aber nicht _____ (1). Das kann er _____ (2). Er hat einen _____ (3), der für ihn aussagen wird. Morgen ist die _____ (4). Er hat keine Angst vor dem _____ (5), denn er hat einen guten _____ (6).

6 Widerspruch gegen einen Bescheid. Was ist richtig? Kreuzen Sie an.

> Stadtverwaltung
> Zentrale Bußgeldbehörde
> 04193 Leipzig
>
> Leipzig, den 5. 10. 2010
>
> Sehr geehrte Damen und Herren,
>
> am heutigen Tag habe ich von Ihnen einen Bußgeldbescheid wegen Parken ohne Parkschein ...1.... Gegen diesen Bescheid lege ich Widerspruch ein.
>
> ...2...: Die Parkautomaten am Kaiserplatz waren an diesem Tag kaputt. Ich habe verschiedene Automaten ausprobiert, allerdings ohne ...3.... Zum ...4... kann ich Ihnen – falls erforderlich – gerne zwei Zeugen benennen.
>
> Ich hoffe, dass diese Angelegenheit hiermit ...5.... ist und verbleibe
>
> mit freundlichen Grüßen
> Ahmed Usta

1. a geschrieben
   b erhalten
   c gemacht

2. a Begründung
   b Bestätigung
   c Behandlung

3. a Ereignis
   b Erfolg
   c Erlaubnis

4. a Bereich
   b Beispiel
   c Beweis

5. a erledigt
   b gemacht
   c gefunden

Wortschatztraining 2

Banken, Post und Versicherungen

Banken, Post und Versicherungen

1 Was kann man mit Geld alles machen? Welche Verben passen? Markieren Sie.

○ ausgeben ○ abheben ○ sparen ○ anmelden

○ einzahlen ○ abnehmen ○ überweisen

2 Bei der Bank. Ergänzen Sie die Sätze mit Wörtern aus dem Kasten.

Zinsen – Kredit – ec-Karte – Geldautomaten – Konto – Bankleitzahl (BLZ)

1. Mit der _____ kann man Geld am _____ abheben.
2. Ich habe bei der Bank ein _____.
3. Wenn man auf ein anderes Konto Geld überweisen will, braucht man die Kontonummer und die _____.
4. Herr Hosseini finanziert sein neues Auto mit einem _____.
5. Frau Kim hat viel gespart. Für dieses Geld bekommt sie jedes Jahr drei Prozent _____.

3 Lösen Sie das Wörterrätsel zum Thema Banken und Geld. Wie heißt das Lösungswort?

1. Ein anderes Wort für Papiergeld (Plural)
2. Auf diesem Papier sehen Sie, wie viel Geld auf Ihrem Konto ist.
3. Man zahlt nicht alles auf einmal, sondern monatlich. Man zahlt in …
4. Ein anderes Wort für die PIN-Nummer, die Sie am Geldautomat brauchen
5. Ich habe kein …, kann ich mit EC-Karte bezahlen?
6. Was bedeutet die Abkürzung BLZ?
7. Geld aus Metall (Plural)
8. Geld nicht ausgeben, sondern zur Bank bringen

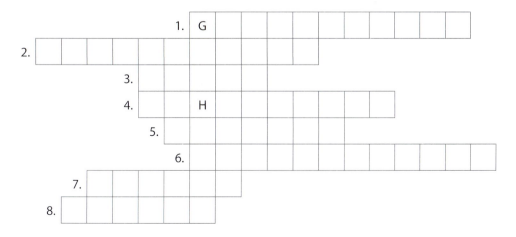

Lösungswort: Ein anderes Wort für das Geld auf Ihrem Konto. _____

2 Wortschatztraining

Banken, Post und Versicherungen

4 Auf der Post. Ergänzen Sie die Wörter aus dem Kasten. Nicht alle Wörter passen.

Antrag – Briefkasten – Briefträger – Absender – Nachricht – Porto – Schalter – Verbindung – Paket – Einschreiben – Empfänger

1. Kannst du den Brief für mich in den _____ werfen? Ich habe keine Zeit.
2. Die Person, die einen Brief oder ein Paket abschickt, ist der _____.
3. Wie viel kostet das _____ für einen Brief nach Thailand?
4. Der _____ bist du, das heißt, das Päckchen ist für dich.
5. Wenn Sie einen Brief als _____ verschicken, wird der Empfang durch eine Unterschrift bestätigt.
6. Hier ist der Anrufbeantworter der Familie Gerhard. Bitte hinterlassen Sie eine _____ auf dem Band, wir rufen Sie dann zurück.

5 Versicherungen. Lesen Sie die Informationen. Ergänzen Sie dann die Sätze 1–3. Welche Versicherung ist richtig?

> ## Wichtige Versicherungen
>
> ▶ Arztbesuche und Medikamente sind teuer. Die **Krankenversicherung** zahlt den größten Teil der Kosten.
>
> ▶ Wenn Sie mit Ihrem Auto einen Schaden verursachen, müssen Sie das bei der **KfZ-Haftpflichtversicherung** melden.
>
> ▶ Mit einer **Hausratversicherung** versichern Sie sich gegen Schaden in ihrer Wohnung (Feuer, Einbruch, usw.).
>
> ▶ Wenn Sie Anwaltskosten nicht selbst bezahlen wollen, hilft die **Rechtschutzversicherung**.
>
> ▶ Stellen Sie sich vor, Sie machen etwas kaputt, was Ihnen nicht gehört. Diesen Schaden können Sie bei der privaten **Haftpflichtversicherung** melden.

1. Sie kommen aus dem Urlaub zurück und merken, dass Diebe in Ihrer Wohnung waren und Sachen gestohlen haben. Sie melden den Schaden bei der Polizei und bei der _____.
2. Nach zwei Monaten will die Versicherung immer noch nicht zahlen. Sie beschließen vor Gericht zu gehen. Hier hilft die _____.
3. Das alles macht Sie sehr nervös. Ohne es zu wollen, werfen Sie eine teure Fotokamera eines Bekannten bei sich zu Hause auf den Boden. Die Kamera ist kaputt. Diesen Schaden melden Sie bei der _____.

Wetter und Umwelt

1 Wetterwörter. Schreiben Sie die Wörter neben die Symbole.

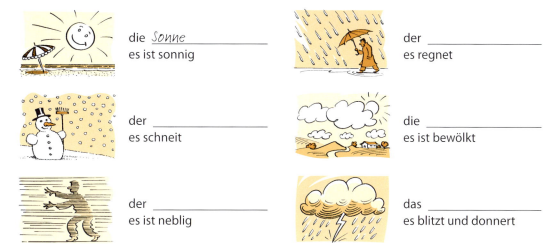

die _Sonne_____
es ist sonnig

der _____
es regnet

der _____
es schneit

die _____
es ist bewölkt

der _____
es ist neblig

das _____
es blitzt und donnert

2 Wetterberichte verstehen. Ergänzen Sie.

nass – trocken – stark – milder – kühl – kalt – glatt – heiß

1. Die weiteren Aussichten: Auch am Wochenende kein Regen. Es bleibt _____.
2. Am Wochenende wird es richtig _____. Die Höchsttemperaturen liegen bei –5 Grad.
3. Vorsicht Autofahrer: Wegen Eis und gefrorener Nässe sind die Straßen _____.
4. Heute war es noch etwas _____ und regnerisch, aber morgen steigen die Temperaturen in ganz Deutschland auf 25 Grad. Am Wochenende wird es richtig _____, über 30 Grad.
5. Nach den Regenfällen der letzten Nacht sind die Straßen im Sendegebiet sehr _____. Fahren Sie vorsichtig.
6. Nach dem strengen Frost der letzten Nacht wird es heute etwas _____; die Temperaturen erreichen 0 Grad.
7. Und hier eine Wetterwarnung: Vorsicht vor Stürmen und _____en Winden.

3 Natur und Umwelt. Welches Wort passt nicht in die Zeile? Streichen Sie es durch.

1. der Wald – die Wiese – der Lärm – die Natur – die Blume
2. der Müll – der Wind – der Abfall – die Dose – das Altpapier
3. der Fluss – das Meer – der Berg – das Wasser – der See
4. das Gift – die Abgase – die schlechte Luft – die Verschmutzung – die Sonnenenergie
5. den Müll recyceln – trennen – steigen – sortieren
6. Energie sparen – verbrauchen – benutzen – sammeln

2 Wortschatztraining

Sprachenlernen

Sprachenlernen

1   Was bedeutet ungefähr dasselbe? Ordnen Sie zu.

1. trainieren
2. etwas wiederholen
3. etwas behalten
4. abschreiben
5. aufschreiben
6. anwenden
7. sich konzentrieren

a notieren
b kopieren
c benutzen
d etwas nicht vergessen
e die Aufmerksamkeit auf etwas richten
f üben
g etwas noch einmal machen

2   Was passt?

	beant-worten	schreiben	stellen	nach-sprechen	antworten	nach-denken
Sätze		X		X		
Fragen						
auf eine Frage						
Wörter						
über das eigene Lernen						

3   Was ist richtig? Markieren Sie.

a   ● Ich verstehe nicht, was das Wort ...1.... Kannst du mir das ...2....?
    ▸ Ich habe es mal gewusst. Aber ich kann mich im Moment auch nicht ...3....
    ● Hast du das Wörterbuch dabei? Dann können wir es ...4....

b   ● Verstehst du Roxanna auch so schlecht?
    ▸ Ja, sie hat einen starken ...5....
    ● Und sie wird immer böse, wenn man sie ...6....
    ▸ Sie müsste die schwierigen Wörter einfach immer wieder ...7....
    ● Vielleicht sollte sie den Kurs „Aussprachetraining" ...8....

1. a bedeutet
   b meint
   c heißt
   ○ ○ ○
   a b c

2. a erklären
   b unterrichten
   c informieren
   ○ ○ ○
   a b c

3. a erinnern
   b einfallen
   c merken
   ○ ○ ○
   a b c

4. a nachdenken
   b nachschlagen
   c zusammenfassen
   ○ ○ ○
   a b c

5. a Akzent
   b Aussprache
   c Sprache
   ○ ○ ○
   a b c

6. a aufpasst
   b konzentriert
   c korrigiert
   ○ ○ ○
   a b c

7. a lösen
   b nachsprechen
   c zusammenfassen
   ○ ○ ○
   a b c

8. a anmelden
   b besuchen
   c gehen
   ○ ○ ○
   a b c

Ablauf der Prüfung

Prüfungsablauf

Zum Ablauf der Prüfung

Schriftliche Prüfung

Die schriftliche Prüfung dauert 100 Minuten. Sie besteht aus den Testteilen **Hören**, **Lesen** und **Schreiben**.

Bewertung
Die Teile **Hören** und **Lesen** bestehen aus insgesamt 45 Aufgaben. Jede Aufgabe bringt einen Punkt.
Sie können also maximal 45 Punkte für diese beiden Teile bekommen.
Für das Ergebnis A2 müssen Sie zwischen 20 und 32 Punkte erreichen.
Für das Ergebnis B1 müssen Sie zwischen 33 und 45 Punkte erreichen.

Der Teil **Schreiben** wird von Bewerter/innen nach bestimmten Kriterien bewertet.

Arbeitsmittel
Vor Beginn der Prüfung erhalten Sie die Antwortbögen. Sie brauchen einen weichen Bleistift. Mit diesem markieren Sie die Lösungen auf dem Antwortbogen. Dazu malen Sie das richtige Feld aus.

Sie können korrigieren, denn Sie schreiben ja mit einem Bleistift und können wieder wegradieren, wenn Sie doch eine andere Lösung markieren möchten.

Nach jedem Prüfungsteil wird der dazu gehörende Antwortbogen eingesammelt.

Keine Hilfsmittel
Sie dürfen keine Wörterbücher oder anderen Hilfsmittel benutzen. Ihr Handy muss ausgeschaltet sein.

Mündliche Prüfung

Die mündliche Prüfung ist in der Regel eine Paarprüfung, Sie werden zu zweit geprüft.
Es gibt zwei Prüfer oder Prüferinnen. In Teil 1 und Teil 2 sprechen Sie mit einem Prüfer oder einer Prüferin, in Teil 3 sprechen sie mit Ihrem Prüfungspartner oder Ihrer Prüfungspartnerin.

Die mündliche Prüfung dauert insgesamt ca. 16 Minuten.

Bewertung

Der Teil **Sprechen** wird von den Prüferinnen oder Prüfern bewertet, die die Prüfung durchführen.

Für das Gesamtergebnis A2 müssen **Sprechen** und ein anderer Prüfungsteil mit A2 bewertet werden.
Für das Gesamtergebnis B1 müssen **Sprechen** und ein anderer Prüfungsteil mit B1 bewertet werden.

Zur Vorbereitung auf die Prüfung finden Sie im Folgenden drei weitere Modelltests. Machen Sie die Tests unter Prüfungsbedingungen und achten Sie auf die Zeit.

Sie finden im Buch einen Antwortbogen zum Üben, den Sie kopieren können. Den Original-Antwortbogen finden Sie im Internet. Die Seite „Wegweiser" im Buch zeigt Ihnen den Weg.

Modelltest 2

25 Minuten Hören

Hören Teil 1

1 *23-25* Sie hören vier Ansagen. Zu jeder Ansage gibt es eine Aufgabe. Welche Lösung (a, b oder c) passt am besten?
Markieren Sie Ihre Lösungen für die Aufgaben 1–4 auf dem Antwortbogen.

Beispiel:

Was soll Herr Yildirim tun?

a Zur Behandlung kommen.
b Mit der Versichertenkarte zum Zahnarzt gehen.
c Einen neuen Termin ausmachen.

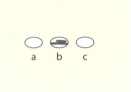

1 Wie können Sie heute zum Südbahnhof fahren?

a Mit der U 1.
b Mit der U-Bahn und dem Bus.
c Überhaupt nicht.

2 Was soll Frau Aslan tun?

a Am Freitag vorbeikommen.
b Eine Fortbildung machen.
c Im Sekretariat anrufen.

3 Was kann man mit der Kundenkarte machen?

a Einkaufen und später bezahlen.
b Billiger einkaufen.
c Auch im Ausland einkaufen.

4 Was ist heute im Angebot?

a Gemüse.
b Fleisch.
c Obst.

Modelltest 2

25 Minuten Hören

Hören Teil 2

 Sie hören fünf Ansagen aus dem Radio. Zu jeder Ansage gibt es eine Aufgabe. Welche Lösung (a, b oder c) passt am besten?
Markieren Sie Ihre Lösungen für die Aufgaben 5 – 9 auf dem Antwortbogen.

5   Wie wird das Wetter in Süddeutschland?

  a   Die Sonne scheint.
  b   Es gibt viele Wolken.
  c   Es regnet und schneit.

6   Wann hören Sie Tipps zur Arbeitssuche?

  a   Am Montag.
  b   Am Mittwoch.
  c   Am Wochenende.

7   Wo muss man sehr vorsichtig fahren?

  a   Auf der A 1.
  b   Auf der A 3.
  c   Auf der A 31.

8   Was kann man gewinnen?

  a   CDs.
  b   Eine Reise.
  c   Bargeld.

9   Herr Lohmann

  a   wird von der Polizei gesucht.
  b   hatte einen Unfall.
  c   wird seit Tagen vermisst.

Modelltest 2

25 Minuten Hören

Hören Teil 3

1 *28-30* Sie hören vier Gespräche. Zu jedem Gespräch gibt es zwei Aufgaben. Entscheiden Sie bei jedem Gespräch, ob die Aussage dazu richtig oder falsch ist und welche Antwort (a, b oder c) am besten passt.
Markieren Sie Ihre Lösungen für die Aufgaben 10–17 auf dem Antwortbogen.

Beispiel:

Frau Schneider hat starke Kopfschmerzen.

Was empfiehlt der Arzt Frau Schneider?

a Sie soll Tabletten nehmen und Krankengymnastik machen.
b Sie soll viel Rad fahren und schwimmen.
c Sie soll zu Hause bleiben.

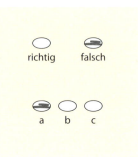

10 Frau Brodsky telefoniert mit dem Deutschlehrer.

11 Was soll Frau Brodsky machen?

　a Ihrem Sohn mehr bei den Hausaufgaben helfen.
　b Einen Nachhilfelehrer suchen.
　c Ihren Sohn mittags länger in der Schule lassen.

12 Herr Kowalski hat ein Gespräch beim JobCenter.

13 Was muss Herr Kowalski noch tun?

　a Verschiedene Unterlagen mitbringen.
　b Den Antrag unterschreiben.
　c In vier Wochen den Antrag abgeben.

14 Frau Mavinga bewirbt sich.

15 Was ist richtig?

　a Frau Mavinga möchte 20 Stunden pro Woche arbeiten.
　b Frau Mavinga möchte nicht am Samstag arbeiten.
　c Frau Mavinga hat Berufserfahrung.

16 Die Frau kauft eine neue Waschmaschine.

17 Wann findet die Lieferung statt?

　a Am Donnerstagmorgen.
　b Spätestens Ende der Woche.
　c Am Nachmittag.

Hören Teil 4

1 *31-34* Sie hören Aussagen zu einem Thema. Welcher der Sätze a – f passt zu den Aussagen 18 – 20?
Markieren Sie Ihre Lösungen für die Aufgaben 18 – 20 auf dem Antwortbogen.
Lesen Sie jetzt die Sätze a – f. Dazu haben Sie eine Minute Zeit.
Danach hören Sie die Aussagen.

Beispiel:

18 …

19 …

20 …

a Wenn die Geschäfte sonntags geöffnet haben, führt das für alle zu mehr Stress.

b Sonntagsarbeit ist beliebt, weil sie besser bezahlt wird.

c Sonntagsarbeit ist gut für die Wirtschaft.

~~d~~ Warum sollen vor Weihnachten andere Regeln gelten als sonst im Jahr.

e Sonntagsarbeit ist kein Problem, weil man dafür einen anderen Tag in der Woche frei bekommt.

f Die Angestellten wollen nicht gerne am Sonntag arbeiten.

Modelltest 2

45 Minuten Lesen

Lesen Teil 1

Sie sind im Bürgerbüro Ihrer Stadt. Lesen Sie die Aufgaben 21–25 und den Wegweiser.
In welches Zimmer (a, b oder c) gehen Sie?
Markieren Sie Ihre Lösungen für die Aufgaben 21–25 auf dem Antwortbogen.

> **Beispiel:**
>
> Sie wollen sich selbstständig machen und suchen Informationen.
>
> a Zimmer 001–005
> b Zimmer 106–107
> c anderes Zimmer

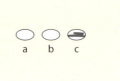

21 Ihr Bekannter spricht nur wenig Deutsch und sucht einen Deutschkurs. Er will wissen, welcher Kurs für ihn der richtige ist.

    a Zimmer 106–107
    b Zimmer 304–306
    c anderes Zimmer

22 Sie haben Fragen zu Ihrem Mietvertrag. Wo bekommen Sie Informationen?

    a Zimmer 001–005
    b Zimmer 215
    c anderes Zimmer

23 Sie haben Ihre Schlüssel verloren. Wo können Sie sie vielleicht wiederbekommen?

    a Zimmer 006–007
    b Zimmer 206–208
    c anderes Zimmer

24 Sie haben eine Stelle im Krankenhaus gefunden und müssen sich vom Arzt untersuchen lassen. Wohin gehen Sie?

    a Zimmer 008–015
    b Zimmer 307–309
    c anderes Zimmer

25 Sie heiraten heute. Wohin gehen Sie?

    a Zimmer 001–005
    b Zimmer 201–203
    c anderes Zimmer

BÜRGERBÜRO – WEGWEISER

Etage		Zimmer
3	**Gesundheitsamt**	
	ärztlicher Dienst, Gesundheitszeugnisse	301–302
	Impfungen, Reisetipps	303
	IHK-Infostelle	
	Beratung Existenzgründung	304–306
	Gewerbeamt, Gewerberegister	307–309
2	**Standesamt**	
	Eheschließungen	201–203
	Geburtsurkunden, Sterbeurkunden	204–205
	Sozialamt	
	Sozialhilfe, Informationen und Anträge	206–208
	Schuldnerberatung	209–210
	Wohnungsamt	
	Wohnungssuche, Wohnungsvermittlung Sozialwohnungen	211–213
	Wohngeld	214
	Mietrechtliche Beratung	215
1	**Volkshochschule**	
	Kursanmeldung	101–105
	Beratung und Tests	106–107
	Kursräume	108–115
EG	**Bürgeramt**	
	Meldestelle, Ausgabe fertiger Ausweispapiere	001–005
	Fundbüro	006–007
	Ordnungsamt, Stadtpolizei	008–015

Lesen Teil 2

Lesen Sie die Situationen 26 – 30 und die Anzeigen a – h. Finden Sie für jede Situation die passende Anzeige.
Markieren Sie Ihre Lösungen für die Aufgaben 26 – 30 auf dem Antwortbogen. Für eine Aufgabe gibt es keine Lösung. Markieren Sie in diesem Fall ein X.

26 Ihr Sohn zieht in seine erste Wohnung. Sie suchen billige Möbel für sein Wohnzimmer.

27 Sie ziehen nächstes Wochenende um. Sie suchen eine Firma, die Ihre Möbel transportiert.

28 Sie suchen eine ruhige, helle 3-Zimmer-Wohnung mit guten Verkehrsverbindungen in die Innenstadt. Sie möchten keine Wohnung im Erdgeschoss.

29 Sie suchen für sich und Ihre Familie eine 4-Zimmer-Wohnung im Zentrum. Ihre Eltern haben Probleme mit dem Treppensteigen.

30 Ein Kollege kommt im September für drei Monate nach Deutschland. Sie suchen für ihn ein Zimmer oder eine kleine Wohnung.

Modelltest 2

45 Minuten Lesen

a) Kurier- und Transportdienst Express

- 24-Stunden-Service
- Wir transportieren Papiere, kleinere Pakete und alle Ihre Unterlagen schnell und zuverlässig.
- Kurierfahrten auch ins Ausland

Tel.: 160 32 45 67 88

b) RIEDBERG IMMOBILIEN

Ruhige, am Stadtrand gelegene **3 Zi-Wohnung**, Küche, Bad, 75m^2, EG, 560 € + NK., renoviert, 10 Minuten zum Einkaufszentrum, gute Verkehrsverbindungen in die Innenstadt von Frankfurt. Bei Interesse bitte unter 0150 333 44 82 melden.

RIEDBERG IMMOBILIEN

c) Haushaltsauflösung / Second Hand

Tische und Stühle
Schränke
Küchengeräte
Schlafsofas
für günstige Preise abzugeben.

Sie müssen die Möbel selbst abholen.
☎ **069 / 45 96 82**

d) MITWOHNZENTRALE WOHNRAUMVERMITTLUNG

Suchen Sie ein Zimmer oder eine Wohnung auf Zeit – möbliert oder leer?
Möchten Sie Ihre Wohnung untervermieten?

Bei uns finden Sie täglich neue Angebote!

KONTAKT
069 / 45 12 33 – Sandweg 111 – 60316 Frankfurt

e) *Glück*-Immobilien bieten an:

Schöne 3-Zi-Whg im Neubau, 5. Stock, 87 m^2, mit kleinem Balkon und Aufzug, ruhiges Wohnviertel, 10 km außerhalb von Frankfurt, direkt an der S- und U-Bahnhaltestelle nach Frankfurt bzw. Wiesbaden. Miete € 620 + NK + KT

Sofort frei!

Mehrere 1–2-Zi-Wohnungen auch im Zentrum ab dem 1. Januar.

Info: 0160 435 22 33

f) Nachmieter gesucht

- 4 Zi-Whg, 82 m^2, außerhalb der Stadt, ruhige Wohngegend
- Küche, Bad, Balkon, Kabel-TV,
- komplett renoviert,
- Parkplatz kann gemietet werden
- Warmmiete 750 €, 3 MM Kaution
- Hochhauswohnung, Aufzug im Haus

Bitte melden ☎ **069 / 322366**

g) + + + Sofort frei + + +

Stadtmitte
Große renovierte **4-Zi.Whg**, Küche, Bad, 80 m^2, kl. Balkon, alle Zimmer mit Laminat, 5. Stock, kein Aufzug.
Warmmiete € 800 + Umlagen

+ Info unter 069 / 99 53 23 36 +

h) SPEDITION KOCH

→ Preiswert und zuverlässig
→ Private und gewerbliche Umzüge
→ Schrank- und Küchenmontage
→ Handwerkerservice
→ Stadt-, Nah- und Fernbereich

Tel.: **069 / 85 47 77**

Modelltest 2

45 Minuten Lesen

Lesen Teil 3

Lesen Sie die drei Texte. Zu jedem Text gibt es zwei Aufgaben. Entscheiden Sie bei jedem Text, ob die Aussage richtig oder falsch ist und welche Antwort (a, b oder c) am besten passt. Markieren Sie Ihre Lösungen für die Aufgaben 31–36 auf dem Antwortbogen.

An die Mieter des Hauses Sandweg 12

Liebe Mieterinnen und Mieter,

immer wieder beschweren sich Bewohner des Hauses, dass die Mülltonnen zu voll sind und dass der Müll oft neben die Tonnen gestellt wird. Im Hof ist es dann schmutzig und es riecht schlecht.

Die Hausverwaltung möchte dieses Problem lösen: Ab dem 1. August werden wir zwei zusätzliche Mülltonnen bei der Stadt bestellen.

Wir müssen Sie aber darauf hinweisen, dass für diese Mülltonnen Kosten entstehen, die wir auf alle Mieter umlegen müssen. Ihren Beitrag finden Sie am Jahresende in Ihrer Nebenkostenabrechnung.

Wir hoffen und erwarten, dass alle Seiten mit dieser Lösung zufrieden sein werden.

Mit freundlichen Grüßen

Ihre Hausverwaltung

---

31 Viele Mieter sind unzufrieden.

richtig/falsch?

32 Die Hausverwaltung

- **a** möchte die Mülltonnen nicht mehr in den Hof stellen.
- **b** möchte, dass die Mieter weniger Müll wegwerfen.
- **c** möchte weitere Mülltonnen besorgen.

Modelltest 2
45 Minuten Lesen

Liebe Eltern,

zur Vorbereitung der Klassenfahrt in diesem Schuljahr lade ich Sie herzlich zu einem Elternabend ein. Dieser findet am 1. September um 18 Uhr in Raum 120 statt.

Auf dem Elternabend wollen wir über das Ziel der Klassenfahrt, ihre Dauer und die Kosten sprechen.

Falls Sie Probleme haben sollten, die Reise zu finanzieren, nehmen Sie bitte in den nächsten Tagen, auf jeden Fall aber vor dem Elternabend, Kontakt mit mir auf. Wir werden bestimmt eine Lösung finden.

Wichtig:
Alles, was an diesem Abend beschlossen wird, gilt für alle Schüler, also auch für die Schüler, deren Eltern nicht anwesend waren. Deshalb ist es in Ihrem Interesse, dass von jedem Schüler ein Elternteil zum Elternabend kommt.

Mit freundlichen Grüßen

Ihre Schulleitung

33 Es ist wichtig, dass Eltern aller Schüler zum Elternabend kommen.
richtig/falsch?

34 Wenn Eltern nicht kommen können,

- **a** sollen sie den Klassenlehrer vor dem Elternabend anrufen.
- **b** müssen sie akzeptieren, was an diesem Abend besprochen wurde.
- **c** können ihre Kinder nicht an der Klassenfahrt teilnehmen.

Modelltest 2

45 Minuten Lesen

■ INFORMATIONEN DER GEZ

Im Moment werden ältere Mitbürger häufig von Personen angerufen, die sagen, dass sie im Auftrag der GEZ telefonieren. Sie behaupten, dass Rentner ab sofort keine Rundfunkgebühren mehr zahlen müssten. Dann bitten sie die Angerufenen, ihre Bankverbindung zu nennen, angeblich, damit sie die zu viel gezahlten Rundfunkgebühren zurückzahlen können.

Die GEZ warnt vor diesen Anrufen. Diese Anrufe kommen nicht von der GEZ.

Hier sind Betrüger unterwegs. Die Anrufer wollen die Kontodaten von GEZ-Kunden haben. Die GEZ hat bereits bei der Polizei Anzeige erstattet und bittet jeden, der von den Betrügern angerufen wird, um schnelle Mitteilung: www.gez.de.

35 Durch diese Pressemitteilung will die GEZ die Verbraucher warnen.
richtig/falsch?

36 Die GEZ möchte, dass die Kunden

    a weniger bezahlen.
    b die GEZ über bestimmte Anrufe informieren.
    c ihre Bankverbindung angeben.

Lesen Teil 4

Lesen Sie den Text. Entscheiden Sie, ob die Aussagen 37–39 richtig oder falsch sind. Markieren Sie Ihre Lösungen für die Aufgaben 37–39 auf dem Antwortbogen.

ProBank Telefon-Banking

Schneller, einfacher und bequemer geht es nicht!

Mit dem ProBank Telefon-Banking können Sie Ihr ProBank Girokonto bequem von jedem Telefon aus führen. Egal, ob Sie von zu Hause, vom Arbeitsplatz oder von unterwegs aus anrufen – Sie benötigen nur Ihre persönliche Telefon-Geheimzahl. Diese erhalten Sie mit separater Post.

Unser Telefon-Banking arbeitet mit einem Sprachcomputer und ist 24 Stunden am Tag für Sie erreichbar. Das Telefon-Banking ist für Sie kostenlos, Sie müssen nur die Telefonkosten bezahlen. Bitte wählen Sie die Telefonnummer 0180 / 25 67 60 200 (9 Cent /Minute aus dem Festnetz der Deutschen Telekom; ggf. abweichende Mobilfunktarife).

Die folgenden Leistungen stehen Ihnen zur Verfügung:

- **Kontoinformationen, Kontostand abfragen**
  Ihr aktueller Kontostand wird Ihnen nach Eingabe Ihrer Kontonummer und Telefon-Geheimzahl genannt. Sie können außerdem einen Kontoauszug über den Sprachcomputer bestellen.

- **Buchungsaufträge**
  Überweisungen sind ebenfalls direkt über den Sprachcomputer möglich. Inlands-Überweisungsaufträge sind bis maximal 10.000 EUR pro Tag möglich. Überweisungen ins Ausland können im Moment telefonisch leider noch nicht in Auftrag gegeben werden.

- **Daueraufträge einrichten**
  Für die Einrichtung eines Dauerauftrags lassen Sie sich zu einem Mitarbeiter der Bank verbinden (Direkt-Service).

- **Bestellservice**
  Auf Wunsch können Sie über unseren Sprachcomputer alle wichtigen Formulare, zum Beispiel Girobriefumschläge und Überweisungsvordrucke bestellen. Fünf Vordrucke pro Monat sind kostenlos.

37 Für das Telefonbanking muss der Kunde außer den Telefonkosten nichts bezahlen.
richtig/falsch?

38 Nicht jede Überweisung ist mit dem Telefonbanking möglich.
richtig/falsch?

39 Der Kunde bekommt jeden Monat Vordrucke und Formulare zugeschickt.
richtig/falsch?

4 Modelltest 2
45 Minuten Lesen

Lesen Teil 5

Lesen Sie den Text und schließen Sie die Lücken 40 – 45. Welche Lösung (a, b oder c) passt am besten?
Markieren Sie ihre Lösungen für die Aufgaben 40 – 45 auf dem Antwortbogen.

Köln, den 1. Oktober 2010

Kündigung meines Mobilfunkvertrags
Kundennummer 245 333 22, Vertragsnummer MFV6674X

Sehr **0** Damen und Herren,

hiermit kündige ich meinen Mobilfunkvertrag zum nächstmöglichen **40**.

Es handelt sich um den zwischen Ihnen und mir bestehenden **41** mit der oben angegebenen Nummer.

Könnten Sie mir bitte mitteilen, ab wann ich meinen Vertrag beenden **42**?

Bitte schicken Sie mir außerdem eine schriftliche **43** über den Eingang der Kündigung zu.

Weiter möchte ich Sie **44**, mich aus Ihrer Adressenkartei zu nehmen und mir in Zukunft keine Werbung mehr zuzusenden.

Mit freundlichen **45**
Karsten Wissman

Beispiel:

0 a geehrte
   b geehrten
   c geehrter

(a markiert)

40	a Datum	42	a will	44	a fordern
	b Frist		b kann		b bitten
	c Zeit		c muss		c wünschen
41	a Antrag	43	a Anmeldung	45	a Grüßen
	b Beitrag		b Aufnahme		b Wiedersehen
	c Vertrag		c Bestätigung		c Dank

Modelltest 2

30 Minuten Schreiben

Schreiben

Wählen Sie Aufgabe A *oder* Aufgabe B. Zeigen Sie, was Sie können. Schreiben Sie möglichst viel. Schreiben Sie Ihren Text auf den Antwortbogen.

Aufgabe A

Sie finden an Ihrem Arbeitsplatz eine Nachricht von Ihrem Chef. In der Firma ist im Moment viel zu tun, darum fragt er Sie, ob Sie diese Woche auch am Samstag arbeiten könnten. Sie schreiben Ihrem Chef eine kurze Mitteilung.

Schreiben Sie etwas zu folgenden Punkten:

- Samstag arbeiten ist okay.
- Wie viele Stunden arbeiten?
- Ist um 10 Uhr anfangen in Ordnung?
- Für den Samstag nächste Woche einen Tag frei nehmen?

oder

Aufgabe B

Ihr Sohn kann morgen nicht an einem Ausflug teilnehmen, weil er krank geworden ist. Sie schreiben eine kurze Mitteilung an die Lehrerin, Frau Krüger.

Schreiben Sie etwas zu folgenden Punkten:

- Grund für Ihr Schreiben
- Was fehlt Ihrem Sohn?
- Was hat der Arzt gesagt?
- Wann wieder in der Schule?

Modelltest 2

16 Minuten Sprechen

Sprechen Teil 1

Teilnehmer/in A und B

Teil 1: Über sich sprechen

- Name
- Geburtsort
- Wohnort
- Arbeit/Beruf
- Familie
- Sprachen

Das sagt der Prüfer oder die Prüferin:

– *Würden Sie sich bitte vorstellen?*
– *Erzählen Sie bitte etwas über sich.*

Modelltest 2

16 Minuten Sprechen

Sprechen Teil 2

Teilnehmer/in A

Teil 2: Über Erfahrungen sprechen

Das sagt der Prüfer oder die Prüferin:

Teil 2 A

Sie haben in einer Zeitschrift ein Foto gefunden. Berichten Sie kurz:
- *Was sehen Sie auf dem Foto?*
- *Was für eine Situation zeigt das Bild?*

Teil 2 B

Erzählen Sie bitte: Welche Erfahrungen haben Sie damit?

Modelltest 2

16 Minuten Sprechen

Teilnehmer/in B

Teil 2: Über Erfahrungen sprechen

Das sagt der Prüfer oder die Prüferin:

Teil 2 A

Sie haben in einer Zeitschrift ein Foto gefunden. Berichten Sie kurz:
- *Was sehen Sie auf dem Foto?*
- *Was für eine Situation zeigt das Bild?*

Teil 2 B

Erzählen Sie bitte: Welche Erfahrungen haben Sie damit?

Modelltest 2

16 Minuten Sprechen

Sprechen Teil 3

Teilnehmer/in A und B

Teil 3: Gemeinsam etwas planen

Sie wollen mit einem Freund am nächsten Samstag einen Ausflug machen.

Planen Sie, was Sie tun möchten. Hier sind einige Notizen:

- Wohin?
- Wie lange?
- Wie reisen?
- Was dort machen?
- Was mitnehmen?
- Wer kümmert sich um was?
- …?

5 Modelltest 3

25 Minuten Hören

Hören Teil 1

2-4 Sie hören vier Ansagen. Zu jeder Ansage gibt es eine Aufgabe. Welche Lösung (a, b oder c) passt am besten?
Markieren Sie Ihre Lösungen für die Aufgaben 1–4 auf dem Antwortbogen.

Beispiel:

Sie wollen mit der S 4 zum Hauptbahnhof.
Von welchem Gleis fahren Sie ab?

a   Von Gleis 4.
b   Von Gleis 5
c   Von Gleis 7.

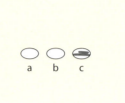

1   Was soll Frau Schmidt machen?

   a   An die Schule schreiben.
   b   Am Samstag in die Schule kommen.
   c   Auf einen Brief warten.

2   Wann soll Svetlana am Kino sein?

   a   Um 20 Uhr.
   b   Um kurz vor halb neun.
   c   Um 20 Uhr 30.

3   Wann hat das Bürgeramt geöffnet?

   a   Täglich bis 18 Uhr.
   b   Auch samstagmittags.
   c   Auch samstagabends.

4   Sie müssen dringend zum Orthopäden. Was sollen Sie tun?

   a   Am 1. März vorbeikommen.
   b   Am 1. März anrufen.
   c   Eine andere Nummer anrufen.

Hören Teil 2

Sie hören fünf Ansagen aus dem Radio. Zu jeder Ansage gibt es eine Aufgabe. Welche Lösung (a, b oder c) passt am besten?
Markieren Sie Ihre Lösungen für die Aufgaben 5 – 9 auf dem Antwortbogen.

5 Wo liegen Gegenstände auf der Straße?

   a Auf der A 3.
   b Auf der A 5.
   c Auf der A 45.

6 Wie wird das Wetter am Sonntag?

   a Es wird wärmer.
   b Es gibt Regen.
   c Es wird sehr windig.

7 Was hören Sie?

   a Verkehrsmeldungen.
   b Die Nachrichten.
   c Tipps für Autobesitzer.

8 Wann kann man den Krimi sehen?

   a Heute um 20.15 Uhr.
   b Es gibt noch keinen neuen Termin.
   c Morgen.

9 Die Bewohner des Stadtteils sollen

   a die Feuerwehr anrufen.
   b die Löscharbeiten nicht stören.
   c ihre Wohnungen verlassen.

Modelltest 3

25 Minuten Hören

Hören Teil 3

Sie hören vier Gespräche. Zu jedem Gespräch gibt es zwei Aufgaben. Entscheiden Sie bei jedem Gespräch, ob die Aussage dazu richtig oder falsch ist und welche Antwort (a, b oder c) am besten passt.
Markieren Sie Ihre Lösungen für die Aufgaben 10–17 auf dem Antwortbogen.

> **Beispiel:**
>
> Beide Frauen waren auf einem Hoffest.
>
> richtig — falsch (falsch markiert)
>
> Es gab ein Problem,
> a weil es am Abend geregnet hat.
> b weil ein Nachbar sich beschwert hat.
> c weil nur wenige Nachbarn Lust zum Feiern hatten.
>
> a — b — c (b markiert)

10 Die Kundin beschwert sich über eine Reparatur.

11 Was bietet der Verkäufer an?

    a Ein neues Fahrrad.
    b Ein Ersatzrad.
    c Geld für das alte Rad.

12 Der Sprecher will verreisen.

13 Worum bittet der Mann Frau Scholz?

    a Sie soll ihn im Urlaub anrufen.
    b Sie soll nach den Blumen sehen.
    c Sie soll wichtige Post an seine Adresse schicken.

14 Sie hören ein Gespräch zwischen einer Patientin und einer Apothekerin.

15 Was ist richtig?

    a Das Medikament kostet nichts.
    b Das Medikament kann man nicht mehr bekommen.
    c Das Medikament ist rezeptfrei.

16 Herr Braun und Herr Martin sind Kollegen.

17 Kommt Herr Braun zur Versammlung?

    a Nein, er muss arbeiten.
    b Nein, er hat Urlaub.
    c Er weiß es noch nicht genau.

Modelltest 3

25 Minuten Hören

Hören Teil 4

 Sie hören Aussagen zu einem Thema. Welcher der Sätze a – f passt zu den Aussagen 18 – 20?
Markieren Sie Ihre Lösungen für die Aufgaben 18 – 20 auf dem Antwortbogen.
Lesen Sie jetzt die Sätze a – f. Dazu haben Sie eine Minute Zeit.
Danach hören Sie die Aussagen.

Beispiel:

18 …

19 …

20 …

    a   Die Sprecherin hat ihren Fernseher verkauft, nachdem sie ein Kind bekam.

    b̶   Wichtig sind eindeutige Regeln beim Fernsehen.

    c   Es hängt vom Alter ab, wie viel Kinder fernsehen sollten.

    d   Man soll die Kinder nicht alleine fernsehen lassen.

    e   Ohne Fernsehen würde es keine Probleme mehr geben.

    f   Eltern müssen ihr eigenes Fernsehverhalten ändern.

Modelltest 3
45 Minuten Lesen

Lesen Teil 1

Sie wollen etwas einkaufen. Lesen Sie die Aufgaben 21–25 und die Internetseite. Wo (a, b oder c) finden Sie etwas Passendes?
Markieren Sie Ihre Lösungen für die Aufgaben 21–25 auf dem Antwortbogen.

Beispiel:

Sie suchen einen neuen Pullover.

- a Mode
- b Fit, Schön & Gesund
- c andere Seite

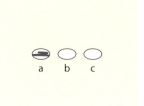

21 Sie interessieren sich für eine Kaffeemaschine.

- a Feinschmecker
- b Haushaltsgeräte
- c andere Seite

22 Sie suchen einen neuen Teppich.

- a Wohnen
- b Mode
- c andere Seite

23 Sie wollen Ihre Wohnung streichen und tapezieren.

- a Wohnen
- b Heimwerken & Garten
- c andere Seite

24 Sie möchten Ihrer Tochter eine Eintrittskarte für ein Konzert schenken.

- a Audio & HiFi
- b Geschenkartikel
- c andere Seite

25 Sie wollen mit dem Auto in den Urlaub fahren und brauchen Tabletten, weil Ihnen im Auto immer schlecht wird.

- a Fit, Schön & Gesund
- b Freizeit, Urlaub & Reise
- c andere Seite

Modelltest 3

45 Minuten Lesen

---

www.marktplatz.de

Marktplatz.de
Günstig online bestellen

[Suche] [Warenkorb]

HAUSHALTSGERÄTE	Backöfen & Herde – Gefriergeräte & Kühlschränke – Waschmaschinen – Geschirrspüler – Kleingeräte/Haushalt – Staubsauger
WOHNEN	Möbel, Büromöbel – Komplett-Einrichtungen – Lampen & Licht – Sofas & Sessel – Betten, Lattenroste, Matratzen – Wohntextilien – Tische, Stühle, Regale – Markenglas
BÜRO	Papier, Schreibwaren – Versandmaterial – technischer Zeichenbedarf – Büroartikel – Alles für die Schule – Bürotechnik – Koffer & Taschen
HEIMWERKEN & GARTEN	Bad, Küche & Sanitär – Bauen & Renovieren – Werkstatt & Werkzeug – Tapeten & Farben – Haustechnik – Pflanzen & Pflanzenzubehör – Tierbedarf
MODE	Damen- & Herrenbekleidung – Damen- & Herrenschuhe – Mode für das Kind – Koffer und Taschen – Kostüme, Masken & Perücken
AUDIO & HIFI	Musik-CDS, DVDs, Hörbücher – Radios & Stereoanlagen – CD-Player, MP3-Player, DVD-Player & -Recorder – Lautsprecher
FOTO & KAMERAS	Digitalkameras & Zubehör – Foto-Zubehör – Fotoarchivierung – Filmkameras – Filmprojektoren
MUSIKINSTRUMENTE	Blasinstrumente – Drums & Percussion – Exotische Instrumente – Gitarren – Streich- und Zupfinstrumente – Tasteninstrumente – Studioequipment – Noten & Songbooks
FIT, SCHÖN & GESUND	Gesundheit & Kosmetik – Diät & Ernährung – Wellness – Drogerieartikel – Augenoptik
FREIZEIT, URLAUB & REISE	Tickets, Gutscheine, Konzertkarten – Kultur & Veranstaltungen – Flüge, Reisen, Familien- & Kurzreisen, Last minute
FEINSCHMECKER	Lebensmittel & Getränke – Tee & Kaffee aus allen Ländern – asiatische Lebensmittel – Früchte & Gemüse – Fisch & Meeresfrüchte – Süßes & Salziges – Würzen & Verfeinern – Zigarren & Tabakwaren – Kochbücher
GESCHENKARTIKEL	Geburtstag, Hochzeit, Muttertag – Verpackung – Karten – Spardosen – Kunsthandwerk

Lesen Teil 2

Lesen Sie die Situationen 26 – 30 und die Anzeigen a – h. Finden Sie für jede Situation die passende Anzeige.
Markieren Sie Ihre Lösungen für die Aufgaben 26 – 30 auf dem Antwortbogen. Für eine Aufgabe gibt es keine Lösung. Markieren Sie in diesem Fall ein X.

26 Es ist Sonntagabend. Ihre Tochter hat plötzlich starke Kopfschmerzen und Sie brauchen ein Medikament für sie.

27 Sie können schlecht schlafen und suchen Hilfe.

28 Sie arbeiten viel am Computer und brauchen eine neue Brille.

29 Sie möchten wissen, wie Sie Ihre Krankenkasse wechseln können.

30 Sie haben jeden Morgen starke Rückenschmerzen. Sie suchen Hilfe.

Modelltest 3

45 Minuten Lesen

a SPORTCENTER MITTE

Spezielle Angebote für Krafttraining und Selbstverteidigung.

Für alle sportlich Aktiven, die sich mehr bewegen und ihre Leistung steigern möchten.

Ein persönlicher Trainer hilft Ihnen.

Anruf genügt: Wir schicken Ihnen weitere Informationen: ☎ 0161/25 54 38 76

b

Was tun bei Erkältungen und Grippe?
Was tun bei Kopfschmerzen, Migräne und Schlafstörungen?
Wie können Sie sich und Ihre Kinder schützen?

Informationsveranstaltung
am Sonntag, den 17. Oktober, 20.00 Uhr
in Zusammenarbeit mit Krankenkassen
und Apotheken. Eintritt frei.
Bürgerhaus – Garding

c Apotheken-Notdienstfinder

Mit dem Notdienstfinder finden Sie schnell eine Notdienstapotheke.
Geben Sie Postleitzahl oder Ort ein

Suche Notdienstapotheke

PLZ Ort: . . . . .   Straße: *(optional)* . . . .
Im Umkreis von: . . . . . km
Termin: . . . .

d Das Beste für unsere Patienten

Mit diesem Ziel schließen sich BARMER Ersatzkasse und GEK zusammen. Das bringt für Sie viele Vorteile: noch mehr Service und noch bessere Leistungen. Ab 1. Januar 2010: Deutschlands größte Krankenkasse – 8,6 Millionen Versicherte, über 1.000 Betreuungsstellen und 19.000 Mitarbeiter

Erfahren Sie mehr im folgenden Artikel.

e ÄRZTEHAUS LÜBECKERSTRASSE

- Allgemeinmedizin
- Innere Medizin
- HNO-Heilkunde

Öffnungszeiten: Mo–Fr 8–18 Uhr
Sie erreichen uns mit der
U2 und U4 Haltestelle Theaterplatz

f Tierärztliche Praxis *für Augenheilkunde*
Dr. Jens Laumer

Schweizerstraße 20–22

Bitte vereinbaren Sie einen Termin innerhalb folgender Zeiten: Mo, Di, Do, Fr 9–12 Uhr und 16–18 Uhr Mittwochs ist Operationstag.

NOTRUF: Bei Notfällen außerhalb der Sprechzeiten erreichen Sie uns unter der Notruf-Nummer 0172 – 56 77 82 34

g ORTHOPÄDIE am Zoo

Fachärzte für

Orthopädie und Chirotherapie
Akupunktur, Krankengymnastik
– alle Kassen –

Sprechstunden nach Vereinbarung
Staufenstraße 10
83435 Bad Reichenhall
Telefon 08651/33221

h AUGENÄRZTE – AUGENHEILKUNDE

Prof. Dr. Arias,
Dr. Stein,
Dr. Laumann

Staufenstraße 12 · 83395 Freilassing

→ Sehtests
→ Sehhilfen – Kontaktlinsen
→ Ambulante Operationen
→ Ärztliches Qualitätsmanagement

Lesen Teil 3

Lesen Sie die drei Texte. Zu jedem Text gibt es zwei Aufgaben. Entscheiden Sie bei jedem Text, ob die Aussage richtig oder falsch ist und welche Antwort (a, b oder c) am besten passt. Markieren Sie Ihre Lösungen für die Aufgaben 31–36 auf dem Antwortbogen.

> Liebe Eltern
>
> gut erhaltene Kleidung für Kinder und Jugendliche, Spielzeug, Bücher und vieles mehr bietet der Flohmarkt der Peter Petersen Grundschule, Kaiserstraße 20.
>
> Am Samstag 24. April können Eltern dort einkaufen, während ihre Kinder betreut werden.
> Der Markt ist von 14 bis 17 Uhr geöffnet. Der Verkauf findet auf dem Schulhof statt.
> Wer etwas verkaufen möchte und einen eigenen Tapeziertisch mitbringt, zahlt sechs Euro. Ein Leihtisch ist für vier Euro zu haben. Tischreservierung unter Telefon 089 – 23 76 33 (16 bis 21 Uhr). Für Getränke und einen kleinen Imbiss wird gesorgt.
>
> Bitte geben Sie uns Bescheid, ob Sie kommen möchten und ob Sie einen Leihtisch benötigen.
>
> Mit freundlichen Grüßen
> Die Schulleitung

31 Am 24. April kann man in der Peter Petersen Grundschule günstig Sachen kaufen.
richtig/falsch?

32 Die Schulleitung möchte,

    a dass die Eltern etwas zu essen und zu trinken mitbringen.
    b dass die Eltern eigene Tische mitbringen.
    c dass die Eltern eine kleine Gebühr bezahlen, wenn sie etwas verkaufen.

Modelltest 3

45 Minuten Lesen

Sehr geehrte Familie Gonzales,

aus Gründen der Sicherheit muss auch dieses Jahr Ihre Gasheizung wieder überprüft und gereinigt werden. Dazu wird sich die Firma **Bauer – Sanitärinstallation** in den nächsten Tagen telefonisch mit Ihnen in Verbindung setzen, um einen Termin auszumachen.

Die Kosten für diese Wartung sind laut Mietvertrag von Ihnen zu zahlen. Wir weisen Sie aber darauf hin, dass Sie einen Teil der Kosten als sogenannte „haushaltsnahe Dienstleistung" beim Finanzamt von Ihrer Steuer abziehen können.

Mit freundlichen Grüßen
Ihr Hausverwaltung

33 Im Haus werden alle Gasöfen ausgetauscht. Die Firma Bauer kommt in den nächsten Tagen vorbei.
richtig/falsch?

34 Die Kosten für Überprüfung und Reinigung

- **a** zahlt der Vermieter.
- **b** muss der Mieter bezahlen.
- **c** sind dieses Jahr 20 Prozent geringer.

Modelltest 3

45 Minuten Lesen

Berufsbezogene Sprachförderung
Kursangebot für Migranten

Diese Kurse richten sich an Migrantinnen und Migranten, die sich beruflich und sprachlich weiterbilden möchten. Ziel ist es, den Teilnehmerinnen und Teilnehmern zu helfen, einen Arbeitsplatz zu finden.

Migranten/Migrantinnen können an einer berufsbezogenen Sprachförderung teilnehmen, wenn sie Arbeit suchen und eine sprachliche und fachliche Qualifizierung für den Arbeitsmarkt benötigen, aber auch wenn sie bereits in einem Beschäftigungsverhältnis stehen.

Sie müssen einen Integrationskurs abgeschlossen haben. Wenn sie nachweisen können, dass sie ein Sprachniveau von mindestens B1 haben, gilt diese Bedingung jedoch nicht.

In den Kursen lernen die Teilnehmerinnen und Teilnehmer nicht nur Deutsch für den Beruf, sie besuchen auch Betriebe und machen ein Praktikum.

Die Kurse sind kostenlos. Haben Sie Kinder, können die Kosten für Kinderbetreuung eventuell übernommen werden.

---

35 Die Kurse kann man auch besuchen, wenn man schon eine Arbeit hat.
richtig/falsch?

36 Wenn man an den Kursen teilnehmen möchte,

- **a** muss man gleichzeitig einen Integrationskurs machen
- **b** muss man gute Deutschkenntnisse (Niveau B1) haben.
- **c** kann man seine Kinder zum Unterricht mitnehmen.

Modelltest 3

45 Minuten Lesen

Lesen Teil 4

Lesen Sie den Text. Entscheiden Sie, ob die Aussagen 37–39 richtig oder falsch sind. Markieren Sie Ihre Lösungen für die Aufgaben 37–39 auf dem Antwortbogen.

Auszug aus den Allgemeinen Geschäftsbedingungen der Volkshochschule

Allgemeines

(1) Wer sich zu einem der Kurse der Volkshochschule, nachfolgend VHS genannt, anmeldet, erkennt die AGB und die Hausordnungen der jeweiligen Veranstaltungsorte an.

Kündigung durch den/die Teilnehmer/in

(1) Bei Abmeldung/Kündigung bis 10 Tage vor Kursbeginn werden die bereits gezahlten Kursgebühren und besondere Kosten in voller Höhe zurückgezahlt.
(2) Bei späterer Abmeldung bis einen Werktag vor Kursbeginn sind 30 % der Kursgebühr, mindestens jedoch 10 Euro zu zahlen. Besondere Kosten sind in voller Höhe zu zahlen.
(3) Ab dem Tag des Kursbeginns besteht kein Anspruch auf Rückzahlung der Kursgebühr und der besonderen Kosten.
(4) Rückzahlungen können in der Regel nur unbar erfolgen.

Ummeldung

Eine Ummeldung von einem Kurs in einen vergleichbaren anderen Kurs im laufenden Programm kann nur vor Kursbeginn und mit Zustimmung der VHS erfolgen. Bereits gezahlte Kursgebühren und besondere Kosten werden verrechnet.

Teilnahmebescheinigungen

Die Teilnahme an einem Kurs kann unter der Voraussetzung regelmäßiger Teilnahme auf Wunsch bescheinigt werden. Die Ausstellung einer Teilnahmebescheinigung ist bis spätestens zwei Jahre nach Ablauf des Jahres, in dem der Kurs beendet ist, möglich.

---

37 Wenn ein Teilnehmer seine Anmeldung zurücknehmen möchte, muss er immer mindestens zehn Euro bezahlen.
richtig/falsch?

38 Man kann sich nicht mehr ummelden, wenn ein Kurs angefangen hat.
richtig/falsch?

39 Die VHS stellt für ihre Kurse automatisch Teilnahmebescheinigungen aus.
richtig/falsch?

Modelltest 3

45 Minuten Lesen

Lesen Teil 5

Lesen Sie den Text und schließen Sie die Lücken 40 – 45. Welche Lösung (a, b oder c) passt am besten?
Markieren Sie ihre Lösungen für die Aufgaben 40 – 45 auf dem Antwortbogen.

Versandhaus
Mode für Sie
Postfach
50100 Köln

Berlin, den 5. Oktober 2010

REKLAMATION

Sehr geehrte Damen und Herren,

__0__ 20. November habe ich bei Ihnen eine Hose bestellt (Levis Jeans 501 31/32). Die Jeans ist am 27. November __40__ mir angekommen. Leider musste ich __41__, dass die Hose zu klein ist (29!/32). Ich bitte Sie, mir die Hose in der von mir bestellten __42__ zuzusenden.

Ich werde Ihnen die zu kleine Jeans __43__. Auch bitte ich Sie, die Gebühren für die Rücksendung (Porto) zu __44__.

Vielen Dank für Ihre __45__.

Mit freundlichen Grüßen

Sergej Naumenkow

Beispiel:

0   a   Ab
    b   Am
    c   Im

  ○ ⬬ ○
  a b c

40 a an
    b bei
    c zu

41 a bestätigen
    b festsetzen
    c feststellen

42 a Größe
    b Form
    c Menge

43 a bestellen
    b bezahlen
    c zurückschicken

44 a überlegen
    b übernehmen
    c überprüfen

45 a Mühe
    b Bestellung
    c Auftrag

Schreiben

Wählen Sie Aufgabe A *oder* Aufgabe B. Zeigen Sie, was Sie können. Schreiben Sie möglichst viel. Schreiben Sie Ihren Text auf den Antwortbogen.

Aufgabe A

Sie haben die Fernsehzeitschrift „TV aktuell" abonniert. Die Zeitschrift gefällt Ihnen nicht mehr und Sie möchten das Abonnement kündigen. Schreiben Sie an TV aktuell.

Schreiben Sie etwas zu folgenden Punkten.

- Grund für Ihr Schreiben
- Was hat Ihnen nicht gefallen?
- Zu welchem Termin können Sie kündigen?
- Bitte um Bestätigung

oder

Aufgabe B

Sie möchten am nächsten Samstag im Baumarkt einkaufen. Jetzt ist Ihr Auto kaputt gegangen. Sie möchten das Auto Ihres Nachbarn, Herrn Scholz, für diesen Tag leihen. Schreiben Sie Herrn Scholz eine kurze Nachricht.

Schreiben Sie etwas zu folgenden Punkten.

- Grund für Ihr Schreiben
- Wie lange Sie das Auto brauchen
- Auch etwas für Herrn Scholz holen?
- Als Dankeschön Einladung zum Essen

Modelltest 3

16 Minuten Sprechen

Sprechen Teil 1

Teilnehmer/in A und B

Teil 1: Über sich sprechen

```
Name
───────────────
Geburtsort
───────────────
Wohnort
───────────────
Arbeit/Beruf
───────────────
Familie
───────────────
Sprachen
```

— — — — — — — — — — — —

Das sagt der Prüfer oder die Prüferin:

– *Würden Sie sich bitte vorstellen?*

– *Erzählen Sie bitte etwas über sich.*

Modelltest 3

16 Minuten Sprechen

Sprechen Teil 2

Teilnehmer/in A

Teil 2: Über Erfahrungen sprechen

Das sagt der Prüfer oder die Prüferin:

Teil 2 A

Sie haben in einer Zeitschrift ein Foto gefunden. Berichten Sie kurz:
– *Was sehen Sie auf dem Foto?*
– *Was für eine Situation zeigt das Bild?*

Teil 2 B

Erzählen Sie bitte: Welche Erfahrungen haben Sie damit?

Modelltest 3

16 Minuten Sprechen

Teilnehmer/in B

Teil 2: Über Erfahrungen sprechen

- - - - - - - - - - - - - - - - - - - -

Das sagt der Prüfer oder die Prüferin:

Teil 2 A

Sie haben in einer Zeitschrift ein Foto gefunden. Berichten Sie kurz:
- *Was sehen Sie auf dem Foto?*
- *Was für eine Situation zeigt das Bild?*

Teil 2 B

Erzählen Sie bitte: Welche Erfahrungen haben Sie damit?

Modelltest 3

16 Minuten Sprechen

Sprechen Teil 3

Teilnehmer/in A und B

Teil 3: Gemeinsam etwas planen

Am nächsten Samstag ist in Ihrem Haus ein Hoffest. Jeder soll etwas dazu beitragen. Sie möchten mit Ihrer Gesprächspartnerin oder Ihrem Gesprächspartner an diesem Hoffest teilnehmen.

Planen Sie, was Sie tun möchten. Hier sind einige Notizen:

- Essen und Trinken?
- Wer kauft ein?
- Wer bezahlt wie viel?
- Ideen für das Fest?
- Was machen, wenn es regnet?
- …?

Modelltest 4

25 Minuten Hören

Hören Teil 1

 Sie hören vier Ansagen. Zu jeder Ansage gibt es eine Aufgabe. Welche Lösung (a, b oder c) passt am besten?
Markieren Sie Ihre Lösungen für die Aufgaben 1– 4 auf dem Antwortbogen.

Beispiel:

Wie kommen Sie heute am besten zum Hauptbahnhof?

a Mit der S-Bahn.
b Mit der U-Bahn.
c Mit dem Bus.

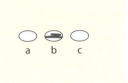

1 Sie müssen heute noch zum Arzt. Welche Nummer müssen Sie anrufen?

  a 19292.
  b 457732.
  c 0160 3221320.

2 Sie möchten sich für einen Deutschkurs anmelden. Was sollen Sie tun?

  a Sich im Kurs anmelden.
  b Montags oder mittwochs vorbeikommen.
  c Die Nummer 21271555 wählen.

3 Was für eine Wohnung kann Familie Kim bekommen?

  a Eine 3-Zimmer-Wohnung.
  b Eine Wohnung mit Balkon.
  c Eine 2-Zimmer-Wohnung.

4 Was soll Herr Bouzidi tun?

  a Die Firma Thor anrufen.
  b Zwischen 17 und 19 Uhr bei der Firma Thor vorbeikommen.
  c Den Gasherd anschließen.

| Modelltest 4 | 6 |

25 Minuten Hören

Hören Teil 2

 Sie hören fünf Ansagen aus dem Radio. Zu jeder Ansage gibt es eine Aufgabe. Welche Lösung (a, b oder c) passt am besten?
Markieren Sie Ihre Lösungen für die Aufgaben 5 – 9 auf dem Antwortbogen.

5 Was hören Sie?

   a Den Wetterbericht.
   b Eine Verkehrsmeldung.
   c Die Nachrichten.

6 Wie wird das Wetter im Norden?

   a Es wird wärmer.
   b Es wird kühl.
   c Es regnet.

7 Wo gibt es einen Stau?

   a Auf der A 3.
   b Auf der A 8.
   c Auf der A 9.

8 Auf der Silvesterparty

   a treten Gruppen aus verschiedenen Ländern auf.
   b gibt es nur Musik in deutscher Sprache.
   c kann man Preise gewinnen.

9 Bis wann müssen Sie Ihre Versicherung kündigen?

   a Bis Ende November.
   b Bis zum Jahresende.
   c Es gibt keinen festen Termin.

Modelltest 4

25 Minuten Hören

Hören Teil 3

Sie hören vier Gespräche. Zu jedem Gespräch gibt es zwei Aufgaben. Entscheiden Sie bei jedem Gespräch, ob die Aussage dazu richtig oder falsch ist und welche Antwort (a, b oder c) am besten passt.
Markieren Sie Ihre Lösungen für die Aufgaben 10–17 auf dem Antwortbogen.

Beispiel:

Beide Frauen leben auf dem Land.

Was ist richtig?

a Svetlana besucht oft Freunde in der Stadt.
b Svetlana fährt mit dem Zug zur Arbeit.
c Svetlana lebt gern auf dem Land.

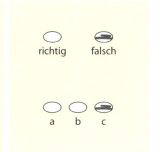

10 Die Kundin bringt ihren Computer zur Reparatur.

11 Die Kundin

    a braucht den Computer erst am Donnerstag.
    b braucht den Computer für die Arbeit.
    c möchte am liebsten einen Laptop kaufen.

12 Herr Tsegai ist zurzeit arbeitslos.

13 Welche Pläne hat Herr Tsegai?

    a Er möchte einen Deutschkurs machen.
    b Er sucht eine Ausbildung als Verkäufer.
    c Er möchte als Bäcker arbeiten.

14 Das Gespräch findet in der Kinderbibliothek statt.

15 In der Kinderbibliothek

    a werden auch Filme gezeigt.
    b kann man Filme für zwei Euro ausleihen.
    c kann man sehr günstig alte Bücher kaufen.

16 Die Kundin möchte eine Ware zurückgeben.

17 Was ist das Problem?

    a Die Kundin hat den Kassenzettel verloren.
    b Die Ware ist nicht frisch.
    c Die Kasse ist geschlossen.

Modelltest 4

25 Minuten Hören

Hören Teil 4

2 22-25 Sie hören Aussagen zu einem Thema. Welcher der Sätze a – f passt zu den Aussagen 18 – 20?
Markieren Sie Ihre Lösungen für die Aufgaben 18 – 20 auf dem Antwortbogen.
Lesen Sie jetzt die Sätze a – f. Dazu haben Sie eine Minute Zeit.
Danach hören Sie die Aussagen.

Beispiel:

◯ ◯ ◯ ◯ ◯ ⬤
a   b   c   d   e   f

18 …

19 …

20 …

    a   Die Politik müsste die Parkgebühren erhöhen.

    b   Die Fahrpreise für Busse, Straßenbahnen, S- und U-Bahnen sollten niedriger sein.

    c   Beim Umweltschutz müssten alle Länder zusammenarbeiten.

    d   Man sollte weniger Verpackung herstellen.

    e   Um die Umwelt zu schützen, sollte man weniger einkaufen.

    f̶   Jeder Müll müsste kostenlos abgeholt werden.

Modelltest 4

45 Minuten Lesen

Lesen Teil 1

Sie suchen Adressen, Telefonnummern und Tipps in Ihrem Stadtmagazin. Lesen Sie die Aufgaben 21–25 und das Inhaltsverzeichnis aus dem Stadtmagazin. In welcher Rubrik (a, b oder c) finden Sie die passende Information?
Markieren Sie Ihre Lösungen für die Aufgaben 21–25 auf dem Antwortbogen.

Beispiel:

Sie suchen ein neues Auto und möchten Ihr altes verkaufen.

a Mobilität
b Einkaufen
c andere Rubrik

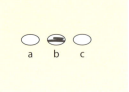

21 Ihr Kind hat etwas Schlechtes gegessen und ist sehr krank.

a Hilfe
b Kinder & Jugend
c andere Rubrik

22 Sie möchten wissen, ob in Ihrer Stadt Ihr alter Fernseher kostenlos abgeholt wird.

a Kommunikation & Medien
b Wohnen
c andere Rubrik

23 Sie suchen Adressen, wo Ihre Kinder nachmittags betreut werden können.

a Kinder & Jugend
b Wohnen
c andere Rubrik

24 Ein Kollege besucht Sie. Er sucht ein Zimmer für zwei Monate in einer Wohngemeinschaft.

a Soziale Einrichtungen
b Besucher
c andere Rubrik

25 Sie möchten ein Abendessen machen und suchen ein Kochbuch mit Tipps für ein Essen aus der Region.

a Besucher
b Einkaufen
c andere Rubrik

Ihr Stadtmagazin

INHALTSVERZEICHNIS

Besucher	Ausflugsziele und Sehenswürdigkeiten – Bootsverleih – Deutscher Wetterdienst – Literaturtipps: typische Rezepte der Region – Hotelreservierungen – Stadtplan – Stadtrundfahrten
Bildung	Berufliche Aus- und Weiterbildung – Berufsinformationszentrum – Nachhilfe – Schulen – Universitäten und Fachhochschulen
Einkaufen	Automärkte – Einkaufsstraßen – Einkaufszentren – Flohmärkte – Wochenmärkte (Öffnungszeiten und Adressen)
Hilfe	Drogennotruf – Feuerwehr – Frauenberatungsstellen – Kinder- und Jugendschutztelefon – Notrufe – Pannenhilfe – Polizei – Vergiftungen
Freizeit	Kartenvorverkaufsstellen – Kino – Museen – Parks- und Grünanlagen – Restaurantführer – Sportvereine – Theater – Veranstaltungen – Wellness- und Erlebnisbäder
Kinder & Jugend	Drogenberatung für Jugendliche – Kinderbetreuung und Freizeitangebote nach der Schule – Kindertheater – Kommunale Kinder-, Jugend- und Familienhilfe – Mädchenhaus
Kommunikation & Medien	Funk & Fernsehen – Hessischer Rundfunk – Multimedia – Museum für Kommunikation – Planet Radio – Radio X – Zeitungen und Zeitschriften
Mobilität	Allgemeiner Deutscher Fahrradclub – Automobilclubs – Car-sharing – Deutsche Bahn AG – Flughafen – Parkhäuser – Park & Ride – Öffentlicher Personennahverkehr
Soziale Einrichtungen	AIDS-Beratung – Alten- und Behindertenhilfe – Beratung in Trennungssituationen – Drogenberatung – Essen auf Rädern – Jugendeinrichtungen – Kinder-, Jugend- und Elternberatung
Verwaltungen	Bürgerämter – Energieversorgung (Gas, Strom) – Rathauszentrale – Stadtschulamt – Stadtverwaltung – Versorgungsunternehmen
Wohnen	An- und Abmelden – Entsorgungsservice (Müllabfuhr) – Hilfe für Mieter – Umzugshilfe – Wohnen auf Zeit – Wohnungsamt – Wohnungsunternehmen

Modelltest 4

45 Minuten Lesen

Lesen Teil 2

Lesen Sie die Situationen 26 – 30 und die Anzeigen a – h. Finden Sie für jede Situation die passende Anzeige.
Markieren Sie Ihre Lösungen für die Aufgaben 26 – 30 auf dem Antwortbogen. Für eine Aufgabe gibt es keine Lösung. Markieren Sie in diesem Fall ein *X*.

26. Ihr Bruder hat gerade angefangen, Deutsch zu lernen. Er möchte als KfZ-Mechaniker oder Schlosser arbeiten.

27. Sie möchten sich selbstständig machen, wissen aber noch nicht, ob das das Richtige für Sie ist, und suchen Informationen.

28. Sie arbeiten in einem Büro und möchten sich weiterbilden. Sie möchten besser mit dem Computer arbeiten können.

29. Sie suchen einen Job in einem Restaurant. Sie haben den ganzen Juli über Zeit für den Job.

30. Nach Ihrem Integrationskurs möchten Sie Deutsch für den Beruf lernen, mündlich und schriftlich. Ihr Berufswunsch ist die Arbeit in einem Restaurant. In Ihrer Heimat haben Sie Koch/Köchin gelernt.

a
Kochen lernen – GRUNDKURS
Für alle, die noch nicht kochen können:

An 5 Abenden lernen Sie die Zubereitung von Fleisch-, Fisch- und Gemüsegerichten.
An jedem Kurstag bereiten wir ein anderes Hauptgericht zu.
5x montags 18.00 – 21.00 Uhr,
Kursbeginn: 5. Juli.
€ 60, Materialkosten € 40

b
LOTSENDIENST *für Migranten*

Beratung und Begleitung für Menschen, die einen eigenen Betrieb gründen möchten.

Wir führen Beratungen durch und helfen Ihnen auf dem Weg zum eigenen Betrieb.

BBAG e.V. Schulstrasse 8b 14482 Potsdam

c
Für Selbstständige

Laden mit Kiosk in der Innenstadt aus gesundheitlichen Gründen sofort zu übernehmen,

90 qm + ca. 100 qm Lager,

große Schaufensterfläche, gut zu erreichen, viele Parkplätze in der Nähe, gut eingeführter Kundenstamm, Toto/Lotto, gegen geringe Ablöse.

Kontakt: 0335 - 45 32 80

d
WEITERBILDUNG

Berufsbezogener Sprachunterricht in Wort und Schrift

Voraussetzungen: Integrationskurs abgeschlossen oder Nachweis gleichrangiger Spachkompetenz

Berufskunde und Bewerbungstraining – Praktikum – Betriebsbesichtigungen

Fördermöglichkeiten:
Bundesamt für Migration und Flüchtlinge (BAMF)

Folgende Bereiche werden angeboten:
Büro – Fahrer – Farbe – Gastronomie – Haustechnik – Holz – Metall – Nähen – Reinigung

Dauer: 12 Monate, 100 Stunden im Monat

e
Servicemitarbeiter m/w, und Kellner m/w gesucht

Für die Sommermonate suchen wir Urlaubsvertretungen. Ihr Aufgabengebiet umfasst alle klassischen Serviceaufgaben des Restaurantbetriebs. Berufserfahrung erforderlich
Arbeitsvertrag: Nebenjob, Wochenendjob, Abendjob
Gaststätte Zum Adler
Mecklenburgische Straße 19 · 10713 Berlin

f
Kaufmännisches Bildungs-Center e.V.

Sie möchten sich beruflich verbessern und suchen eine anspruchsvolle Bürotätigkeit?

Bei uns lernen Sie
- alle praxisrelevanten Fertigkeiten und Kenntnisse,
- die professionelle Anwendung von Office und spezieller kaufmännischer Software im modernen Büroalltag.

In praxisnahen Übungen und Tests können Sie das Gelernte überprüfen.

g
Koch/Köchin gesucht

Wir suchen ab Juni 2010 eine/n Auszubildende/n als Koch/Köchin. Sie haben einen Realschulabschluss oder Abitur.

Vielleicht haben Sie schon ein Praktikum in einem Hotel oder Restaurant gemacht. Sie sind zuverlässig, flexibel und arbeiten gerne im Team?

Dauer der Ausbildung: 3 Jahre

Rufen Sie uns an. **Info: 0172 653 44 56**

h
Bürotechnik Hauser
Qualitäts-Produkte für Büro/Betrieb

Die neueste Büro-Software zu günstigen Preisen, Speichermedien, Monitore, PCs, Laptops, Notebooks

Angebote
nur für Gewerbetreibende, Freiberufler, Selbstständige.

www.hausertechnik.de

Modelltest 4

45 Minuten Lesen

Lesen Teil 3

Lesen Sie die drei Texte. Zu jedem Text gibt es zwei Aufgaben. Entscheiden Sie bei jedem Text, ob die Aussage richtig oder falsch ist und welche Antwort (a, b oder c) am besten passt. Markieren Sie Ihre Lösungen für die Aufgaben 31–36 auf dem Antwortbogen.

Sehr geehrte Familie Kowalski,

aus dem Jahresabschluss für das letzte Jahr ergeben sich für Ihren Haushalt die folgenden Rechnungsbeträge:

Strom Brutto	623,58 €,
Erdgas Brutto	1 798,35 €,
Gesamtbetrag:	**2 421,93 €.**

Einzelheiten zur Berechnung entnehmen Sie bitte der beigefügten Aufstellung.

Die Jahresabrechnung weist für Sie ein Guthaben von 252,20 € auf. Dieses haben wir in den monatlichen Abschlagzahlungen für dieses Jahr berücksichtigt, die sich deshalb auf 180 € monatlich reduzieren.

Wir möchten Sie nochmals auf unser Aktionsangebot **SuperSpar** aufmerksam machen. Wenn Sie sich für eine Vertragslaufzeit bis zum Ende dieses Jahres verpflichten, können Sie 126,33 € Energiekosten pro Jahr sparen. Sie erhalten für diesen Zeitraum eine Preisgarantie.

Das Angebot ist noch 14 Tage gültig.

Vielen Dank für Ihr Vertrauen in uns, den Energieversorger Mainstrom.

Mit freundlichen Grüßen
Ihre Mainstrom AG

---

31 Familie Kowalski hat im letzten Jahr zu viel an die Mainstrom AG gezahlt.
richtig/falsch?

32 Familie Kowalski kann Geld sparen,
a wenn sie monatlich 180 € überweist.
b wenn sie bis Ende des Jahres den Energieanbieter nicht wechselt.
c wenn sie sich bis Ende des Jahres für den Tarif SuperSpar entscheidet.

Modelltest 4

45 Minuten Lesen

Liebe Eltern,

für das nächste Schuljahr suchen wir wieder engagierte Eltern für unsere

Hausaufgabenbetreuung.

Haben Sie Lust, Schülern der Klassenstufe 5–7 zu helfen und Ihr Wissen und Ihre Erfahrungen weiterzugeben? Dann machen Sie mit!

- Sie betreuen Kinder der Klassenstufen 5–7 in einer Gruppe von fünf bis zehn Schülern.
- Sie verpflichten sich, an einem bestimmten Tag in der Woche bei der Hausaufgabenbetreuung mitzuhelfen.
- Für Ihre Mitarbeit zahlen wir 8,00 Euro je abgehaltener Hausaufgabenbetreuung.
- Die Betreuung wird mindestens an einem Tag in der Woche angeboten. Wenn die Nachfrage sehr groß ist und genügend Eltern mithelfen, kann das Angebot auch täglich stattfinden.

Die Schule plant einen Info-Abend, an dem wir Ihnen Ihre Aufgaben näher vorstellen und Ihre Fragen beantworten wollen. Über den Termin informieren wir Sie rechtzeitig.

---

33 Die Schule sucht Kinder für die Hausaufgabenbetreuung.
richtig/falsch?

34 Die Hausaufgabenbetreuung

- **a** gibt es täglich.
- **b** kostet 8,00 € pro Stunde.
- **c** wird auf einer Veranstaltung der Schule genauer vorgestellt.

Modelltest 4
45 Minuten Lesen

INTEGRATION UND BERUFSORIENTIERUNG

Die neue interkulturelle Internet-Seite Mixopolis ist ein Projekt des Vereins Schulen ans Netz. Mit diesem Projekt soll ein Beitrag zur Integration geleistet werden. Mixopolis will gezielt junge Menschen mit Migrationshintergrund ansprechen, weil diese häufig das Internet als Kommunikationsmedium nutzen.

Bei Mixopolis können Jugendliche ihre Ideen und Gedanken austauschen, dabei spielt es keine Rolle, woher sie kommen: aus Deutschland oder aus anderen Ländern. Man kann hier Ideen und Ratschläge zu den Themen Schule und Studium, Ausbildung und Bewerbung finden. Auch Fragen zum Medienalltag oder zum Studentenleben werden angesprochen.

Nach kostenloser Anmeldung bekommen Jugendliche wichtige Informationen zu Wettbewerben, Aktionen und Messen. Besucher der Website, die sich in neuer Software auskennen, können hierzu Berichte schreiben. Außerdem werden aktuelle Kinofilme vorgestellt, Berufe präsentiert und berühmte Persönlichkeiten interviewt. Junge Menschen vor allem mit Migrationshintergrund beantworten online Fragen zu den verschiedensten Bereichen, unter anderem zum Berufsleben und zu gesellschaftlichen Problemen.

---

35 Beim Projekt Mixopolis haben Jugendliche die Möglichkeit, sich im Internet gegenseitig von ihren Erfahrungen und Problemen zu berichten.
richtig/falsch?

36 Auf der Internet-Seite Mixopolis können Jugendliche

    a   kostenlos Filme und Software bekommen.
    b   sich beraten lassen.
    c   Sachen kaufen und verkaufen.

Lesen Teil 4

Lesen Sie den Text. Entscheiden Sie, ob die Aussagen 37–39 richtig oder falsch sind.
Markieren Sie Ihre Lösungen für die Aufgaben 37–39 auf dem Antwortbogen.

PATIENTENINFORMATION

Was tun, wenn Ihnen hohe Kosten für eine Zahnbehandlung entstehen?

Die Lösung: Teilzahlung! Zahlen Sie in monatlichen Raten.

Sie selbst bestimmen nicht nur die Höhe der monatlichen Raten, sondern auch, wann jeden Monat die Zahlung von Ihrem Konto abgebucht wird.

Teilzahlungsmodell A

Wenn Sie Ihre Zahnarztrechnung in maximal sechs gleich hohen Monatsraten bezahlen, entstehen Ihnen aus der Teilzahlung keine zusätzlichen Kosten. Achten Sie bitte unbedingt darauf, dass Ihr schriftlicher Teilzahlungswunsch und die erste Zahlung innerhalb von 30 Tagen nach Rechnungsdatum bei uns eingehen. Sie müssen den Rechnungsbetrag innerhalb von sechs Monaten ab Rechnungsdatum vollständig bezahlen.

Teilzahlungsmodell B

Sie möchten den Rechnungsbetrag über einen längeren Zeitraum als sechs Monate aufteilen. Wenn Sie sich für Teilzahlungen mit einer Gesamtlaufzeit von mehr als sechs Monaten ab Rechnungsdatum entscheiden, berechnen wir Zinsen von 0,5 % monatlich. Außerdem berechnen wir eine einmalige Bearbeitungsgebühr von 1 % aus der Forderung, mindestens jedoch € 10.

Stellen Sie heute noch Ihren Antrag.

Ihre Abrechnungsstelle für Zahnärzte

---

37 Die Teilzahlungen sind nur zinsfrei, wenn Sie Ihre Zahnarztrechnung innerhalb von 30 Tagen bezahlen.
richtig/falsch?

38 Wenn Sie länger als sechs Monate bezahlen, entstehen Ihnen neben den Zinsen noch weitere Kosten.
richtig/falsch?

39 Sie können selbst festlegen, an welchem Tag im Monat Sie die Raten zahlen möchten.
richtig/falsch?

6 Modelltest 4
45 Minuten Lesen

Lesen Teil 5

Lesen Sie den Text und schließen Sie die Lücken 40 – 45. Welche Lösung (a, b oder c) passt am besten?
Markieren Sie Ihre Lösungen für die Aufgaben 40 – 45 auf dem Antwortbogen.

SCHNEIDER TECHNIK Hauptstraße 12 · 70563 Stuttgart · Telefon: 0711-542 21 32

Frau
Ilona Lanz
Mauserstraße 4
70468 Stuttgart

Stuttgart, 30. November 2010

Zahlungserinnerung – Unsere Rechnung vom 8. Oktober 2010

Sehr geehrte ...**0**...,

Leider ...**40**... wir Sie daran erinnern, dass unsere Rechnung vom 8. Oktober 2010 bereits vor einem Monat ...**41**... war. Bis heute konnten wir keine Überweisung von Ihnen feststellen.

Wir bitten Sie, den zu zahlenden ...**42**... spätestens bis zum 10. Dezember 2010 auf unser Konto bei der Postbank Stuttgart Kontonummer 31928-707 BLZ 760 100 85 zu überweisen.

...**43**... Sie die Rechnung inzwischen bezahlt haben, betrachten Sie bitte dieses Schreiben als gegenstandslos.

Haben Sie Fragen? Unser Mitarbeiter Herr Groß gibt ...**44**... unter der oben angegebenen Telefonnummer gerne Auskunft.

Mit freundlichen ...**45**...
i. A. Schneider

Beispiel:

0 a Firma Schneider
   b Frau Lanz
   c Herr Lanz

40	a	können	42	a	Betrag	44	a	euch
	b	sollen		b	Rechnung		b	Ihnen
	c	müssen		c	Zahlung		c	Sie
41	a	bezahlt	43	a	als	45	a	Gruß
	b	fällig		b	wann		b	Grüße
	c	gefallen		c	wenn		c	Grüßen

Modelltest 4

30 Minuten Schreiben

Schreiben

Wählen Sie Aufgabe A *oder* Aufgabe B. Zeigen Sie, was Sie können. Schreiben Sie möglichst viel. Schreiben Sie Ihren Text auf den Antwortbogen.

Aufgabe A

Sie haben seit einiger Zeit einen Telefon- und Internetanschluss bei der Firma Internet & Telefon. Seit einiger Zeit funktionieren Ihr Telefon und Internet nicht mehr gut. Sie schreiben deshalb einen Brief.

Schreiben Sie etwas zu folgenden Punkten:

- Grund für Ihr Schreiben
- Was schlagen Sie vor?
- Wenn keine Lösung, dann Vertrag kündigen
- Bitte um schnelle Antwort

oder

Aufgabe B

Sie haben in Ihrer Tageszeitung eine Wohnungsanzeige gesehen, die Sie interessiert. Schreiben Sie einen Brief an die zuständige Mitarbeiterin der Hausverwaltung Hausmann & Gärtner, Frau Busch.

Schreiben Sie etwas zu folgenden Punkten:

- Grund für Ihr Schreiben
- Angaben zu Ihrer Person
- Fragen zur Wohnung
- Besichtigungstermin?

Sprechen Teil 1

Teilnehmer/in A und B

Teil 1: Über sich sprechen

> Name
>
> Geburtsort
>
> Wohnort
>
> Arbeit/Beruf
>
> Familie
>
> Sprachen

— — — — — — — — — — — — — — — —

Das sagt der Prüfer oder die Prüferin:

– *Würden Sie sich bitte vorstellen?*

– *Erzählen Sie bitte etwas über sich.*

Modelltest 4

16 Minuten Sprechen

Sprechen Teil 2

Teilnehmer/in A

Teil 2: Über Erfahrungen sprechen

- - - - - - - - - - -

Das sagt der Prüfer oder die Prüferin:

Teil 2 A

Sie haben in einer Zeitschrift ein Foto gefunden. Berichten Sie kurz:
- *Was sehen Sie auf dem Foto?*
- *Was für eine Situation zeigt das Bild?*

Teil 2 B

Erzählen Sie bitte: Welche Erfahrungen haben Sie damit?

Modelltest 4

16 Minuten Sprechen

Teilnehmer/in B

Teil 2: Über Erfahrungen sprechen

Das sagt der Prüfer oder die Prüferin:

Teil 2 A

Sie haben in einer Zeitschrift ein Foto gefunden. Berichten Sie kurz:
– *Was sehen Sie auf dem Foto?*
– *Was für eine Situation zeigt das Bild?*

Teil 2 B

Erzählen Sie bitte: Welche Erfahrungen haben Sie damit?

Modelltest 4

16 Minuten Sprechen

Sprechen Teil 3

Teilnehmer/in A und B

Teil 3: Gemeinsam etwas planen

Eine Mitarbeiterin in der Firma, in der Sie arbeiten, geht nächsten Monat in Rente. Ihr Kollege / Ihre Kollegin und Sie möchten sie mit einem kleinen Fest überraschen.

Planen Sie, was Sie tun möchten. Hier sind einige Notizen:

- Wann?
- Wo?
- Geschenk?
- Eine andere Überraschung?
- Wer wird eingeladen?
- …?

Antwortbogen

Schriftliche Prüfung

1 Antwortbogen Hören

Teil 1
1 ◯ a ◯ b ◯ c
2 ◯ a ◯ b ◯ c
3 ◯ a ◯ b ◯ c
4 ◯ a ◯ b ◯ c

Teil 2
5 ◯ a ◯ b ◯ c
6 ◯ a ◯ b ◯ c
7 ◯ a ◯ b ◯ c
8 ◯ a ◯ b ◯ c
9 ◯ a ◯ b ◯ c

Teil 3
10 ◯ richtig ◯ falsch
11 ◯ a ◯ b ◯ c
12 ◯ richtig ◯ falsch
13 ◯ a ◯ b ◯ c
14 ◯ richtig ◯ falsch
15 ◯ a ◯ b ◯ c
16 ◯ richtig ◯ falsch
17 ◯ a ◯ b ◯ c

Teil 4
18 ◯ a ◯ b ◯ c ◯ d ◯ e ◯ f
19 ◯ a ◯ b ◯ c ◯ d ◯ e ◯ f
20 ◯ a ◯ b ◯ c ◯ d ◯ e ◯ f

2 Antwortbogen Lesen

Teil 1
21 ◯ a ◯ b ◯ c
22 ◯ a ◯ b ◯ c
23 ◯ a ◯ b ◯ c
24 ◯ a ◯ b ◯ c
25 ◯ a ◯ b ◯ c

Teil 2
26 ◯ a ◯ b ◯ c ◯ d ◯ e ◯ f ◯ g ◯ h ◯ x
27 ◯ a ◯ b ◯ c ◯ d ◯ e ◯ f ◯ g ◯ h ◯ x
28 ◯ a ◯ b ◯ c ◯ d ◯ e ◯ f ◯ g ◯ h ◯ x
29 ◯ a ◯ b ◯ c ◯ d ◯ e ◯ f ◯ g ◯ h ◯ x
30 ◯ a ◯ b ◯ c ◯ d ◯ e ◯ f ◯ g ◯ h ◯ x

Teil 3
31 ◯ richtig ◯ falsch
32 ◯ a ◯ b ◯ c
33 ◯ richtig ◯ falsch
34 ◯ a ◯ b ◯ c
35 ◯ richtig ◯ falsch
36 ◯ a ◯ b ◯ c

Teil 4
37 ◯ richtig ◯ falsch
38 ◯ richtig ◯ falsch
39 ◯ richtig ◯ falsch

Teil 5
40 ◯ a ◯ b ◯ c
41 ◯ a ◯ b ◯ c
42 ◯ a ◯ b ◯ c
43 ◯ a ◯ b ◯ c
44 ◯ a ◯ b ◯ c
45 ◯ a ◯ b ◯ c

Antwortbogen

3 Antwortbogen Schreiben

Wegweiser

Wegweiser zum Modelltest Deutsch-Test für Zuwanderer im Internet

Nachdem Sie alle Aufgaben und Modelltests in diesem Buch durchgearbeitet haben, sind Sie auf den Deutsch-Test für Zuwanderer gut vorbereitet.

Zusätzlich empfehlen wir Ihnen, sich den Modelltest der telc GmbH und des Goethe-Instituts anzusehen und diesen durchzuarbeiten. Sie können ihn im Internet auf den folgenden Seiten finden und herunterladen:

telc

Gehen Sie auf die Internetseite der telc GmbH: **www.telc.net.**
Gehen Sie dann den folgenden Weg:

➡ Unser Angebot
  ➡ Deutsch
    ➡ Deutsch-Test für Zuwanderer A2/B1
      ➡ Übungsmaterial

      Zum Herunterladen:
      – Modelltest als PDF-Datei
      – die Hörtexte als MP3-Dateien.

Integrationsportal

des Bundesamts für Migration und Flüchtlinge

Gehen Sie auf die Internetseite: **www.integration-in-deutschland.de.**
Gehen Sie dann den folgenden Weg:

➡ Zuwanderer
  ➡ Integrationskurse
    ➡ Abschlussprüfung
      ➡ Zum Thema

      Zum Herunterladen:
      – DTZ-Modellsatz als pdf-Datei
      – sowie die Hörtexte als MP3-Datei.

Quellen

Bildquellen

S. 53	© picture alliance/dpa, A. Dedert
S. 54	© Fotolia (RF), P. Tilly
S. 55	© Fotolia (RF), G. Sanders
S. 107	© iStockphoto (RF), quavondo
S. 108	© Fotolia (RF), Y. Bogdanski
S. 125	© Fotolia (RF), SchneiderStockImages
S. 126	© Shutterstock (RF), S. Nel
S. 143	© iStockphoto (RF), H. Zang
S. 144	© Fotolia (RF), Kzenon

Textquellen

S. 78	© Bundesagentur für Arbeit, www.arbeitsagentur.de

CD-ROM

© telc GmbH, Frankfurt am Main, für die Testaufgaben und Testinhalte des Prüfungssimulators

Vor der Installation der CD-ROM bitte folgende Systemvoraussetzungen beachten:
Windows®-PC ab 600 MHz
Microsoft® Windows® XP, Vista, Windows 7
(für Vista und Windows 7 werden Administratorrechte benötigt)
128 MB Arbeitsspeicher (RAM)
Bildschirmauflösung 1024 x 768 (oder höher)
Grafikkarte
16 Bit Farbtiefe
16-Bit-Soundkarte
CD-ROM-Laufwerk / DVD-Laufwerk
Browser: Internet Explorer (Version 8 oder höher), Firefox (Version 7 oder höher)
Flash PlugIn (ab Version 8)
230 MB Festplattenplatz

Inhalt der Audio-CDs

Auf der CD finden Sie alle Hörtexte der Teile Hören aus den Modelltests 1–4.
In den Aufgaben, die wie Prüfungsaufgaben funktionieren, sind die Pausen enthalten.

CD 1

Nr.		Seite
1	Nutzungshinweis	
	Modelltest 1, Hören	
2	Teil 1, Aufgabe 1	8
3	Teil 1, Aufgabe 2, Aufgabenstellung	9
4	Teil 1, Aufgabe 2, Beispiel	9/10
5	Teil 1, Aufgabe 2, Nummer 1–4	9
6	Teil 2, Aufgabe 2	11
7	Teil 2, Aufgabe 3, Aufgabenstellung	12
8	Teil 2, Aufgabe 3, Nummer 5–9	12/13
9	Teil 3, Aufgabe 1 und 2	14
10	Teil 3, Aufgabe 2, Aufgabenstellung	15
11	Teil 3, Aufgabe 2, Beispiel	15/16
12	Teil 3, Aufgabe 2, Nummer 10 und 11	15
13	Teil 3, Aufgabe 2, Nummer 12 und 13	15
14	Teil 3, Aufgabe 2, Nummer 14 und 15	15
15	Teil 3, Aufgabe 2, Nummer 16 und 17	15
16	Teil 4, Aufgabe 2	17
17	Teil 4, Aufgabe 3, Aufgabenstellung	18
18	Teil 4, Aufgabe 3, Einleitung	18/20
19	Teil 4, Aufgabe 3, Beispiel	18/20
20	Teil 4, Aufgabe 3, Nummer 18	18/20
21	Teil 4, Aufgabe 3, Nummer 19	18/20
22	Teil 4, Aufgabe 3, Nummer 20	18/20
	Modelltest 2	
23	Hören Teil 1, Aufgabe	92
24	Hören Teil 1, Beispiel	92
25	Hören Teil 1, Nummer 1–4	92
26	Hören Teil 2, Aufgabe	93
27	Hören Teil 2, Nummer 5–9	93
28	Hören Teil 3, Aufgabe	94
29	Hören Teil 3, Beispiel	94
30	Hören Teil 3, Nummer 10–17	94
31	Hören Teil 4, Aufgabe	95
32	Hören Teil 4, Einleitung	95
33	Hören Teil 4, Beispiel	95
34	Hören Teil 4, Nummer 18–20	95

CD 2

Nr.		Seite
1	Nutzungshinweis	
	Modelltest 3	
2	Hören Teil 1, Aufgabe	110
3	Hören Teil 1, Beispiel	110
4	Hören Teil 1, Nummer 1–4	110
5	Hören Teil 2, Aufgabe	111
6	Hören Teil 2, Nummer 5–9	111
7	Hören Teil 3, Aufgabe	112
8	Hören Teil 3, Beispiel	112
9	Hören Teil 3, Nummer 10–17	112
10	Hören Teil 4, Aufgabe	113
11	Hören Teil 4, Einleitung	113
12	Hören Teil 4, Beispiel	113
13	Hören Teil 4, Nummer 18–20	113
	Modelltest 4	
14	Hören Teil 1, Aufgabe	128
15	Hören Teil 1, Beispiel	128
16	Hören Teil 1, Nummer 1–4	128
17	Hören Teil 2, Aufgabe	129
18	Hören Teil 2, Nummer 5–9	129
19	Hören Teil 3, Aufgabe	130
20	Hören Teil 3, Beispiel	130
21	Hören Teil 3, Nummer 10–17	130
22	Hören Teil 4, Aufgabe	131
23	Hören Teil 4, Einleitung	131
24	Hören Teil 4, Beispiel	131
25	Hören Teil 4, Nummer 18–20	131

Prüfungstraining

Deutsch-Test für Zuwanderer

Hörtexte
Lösungen/Beispiele

Cornelsen

Modelltest 1

Hören Teil 1

Aufgabe 1
Guten Tag. Hier ist die Autowerkstatt Lachmann. Sie haben bei uns Ihr Auto zur Reparatur abgegeben. Ihr Auto ist fertig und Sie können es abholen. Wir entschuldigen uns noch einmal, dass die Reparatur länger gedauert hat. Wir mussten mehrere Ersatzteile bestellen. Vielen Dank für Ihr Verständnis.

Aufgabe 2 (Prüfungsaufgabe)
Beispiel
*Das Gespräch ist für Sie kostenfrei.
Guten Tag. Willkommen bei der Kunden-Hotline der Internet AG 1plus. Wir helfen Ihnen gerne.
Für Fragen zu unseren Tarifen, Informationen zu Tarifänderungen usw. drücken Sie bitte die 1, für Fragen zu Ihrer Rechnung die 2. Für technische Hilfe und Informationen zur Einrichtung drahtloser Internetverbindungen drücken Sie bitte die 3. Wir verbinden Sie dann mit einem Mitarbeiter.*

1
Verehrte Fahrgäste. Wegen einer Betriebsstörung hat die S-Bahn Linie S 8 zum Flughafen 20 Minuten Verspätung. Und noch ein wichtiger Hinweis. Die Linie S 8 fährt heute nicht von Gleis 10, sondern von Gleis 12 ab. Wir bitten um Ihr Verständnis.

2
Guten Tag, Frau Arias, hier ist Georg Bauer von der Firma Schulz & Partner. Frau Arias, wir haben morgen einen Termin für Ihr Vorstellungsgespräch. Leider bin ich diese Woche geschäftlich unterwegs. Ich muss den Termin leider verschieben. Können Sie nächste Woche am Dienstag um 9 Uhr kommen? Ich bitte Sie um einen Rückruf deswegen. Melden Sie sich bitte bei Frau Maas, Sekretariat, Telefon 1233 Durchwahl 676. Vielen Dank. Auf Wiederhören.

3
Guten Tag, hier ist das Sekretariat der Volkshochschule Mitte. Ihre Kursleiterin Frau Krüger ist leider immer noch krank und kann erst am Freitag wieder unterrichten. Am Mittwoch muss der Kurs leider ausfallen. Wir haben aber für den Donnerstag eine Vertretung gefunden. An diesem Tag ist also Unterricht.

4
Guten Tag, Herr Aslan. Hier ist die orthopädische Praxis Dr. Ullmann. Herr Aslan, für Ihre Operation am Knie in 14 Tagen brauchen wir unbedingt noch von Ihrem Hausarzt Ihre Blutwerte für die Anästhesie. Könnten Sie bitte so schnell wie möglich Ihren Hausarzt besuchen und uns das Ergebnis seiner Untersuchung vorbeibringen? Vielen Dank. Auf Wiederhören.

Hören Teil 2

Aufgabe 2
Das waren die Nachrichten. Weiter geht's mit Hinweisen für die Autofahrer. Vorsicht Autofahrer! Im gesamten Innenstadtbereich kommt es wegen starker Regenfälle zu Behinderungen. Die Straßen um die Großmarkthalle sind wegen Bauarbeiten gesperrt.

Aufgabe 3 (Prüfungsaufgabe)

5
Das Wetter: Heute Abend ist es noch bewölkt. Der Freitag wird dann ein schöner, sonniger Tag mit Höchsttemperaturen bis zu 30 Grad. Am Wochenende sind Wärmegewitter möglich. Nächste Woche erwarten wir in ganz Deutschland sinkende Temperaturen und nur wenig Sonne.

6
Wir unterbrechen unser Programm für eine wichtige Meldung. Wegen eines schweren Verkehrsunfalls ist die Innenstadt für den Autoverkehr im Bereich des Hauptbahnhofs bis zum Abend vollständig gesperrt. Es fahren auch keine Straßenbahnen und Busse zum Hauptbahnhof. Wenn Sie zum Bahnhof müssen, nehmen Sie bitte die U- und S-Bahnen.

7
*Es ist 16 Uhr 10. Auf Radio Nidda FM hören Sie gleich Aktuelles aus Rock, Pop und Jazz.
Zuerst aber noch eine Programmänderung: Wegen einer Sondersendung zur Bankenkrise fällt heute Abend der Krimi aus. In der Sondersendung diskutieren Politiker und Vertreter der Wirtschaft über die möglichen Folgen der Krise. Und jetzt geht's weiter mit Musik ...*

8
Die A 8 München–Stuttgart ist bis einschließlich Samstag früh, 6 Uhr, zwischen Augsburg-West und Neusäß in beiden Richtungen gesperrt. Dort wird eine neue Eisenbahnbrücke gebaut. Der Verkehr wird in beiden Richtungen über die U 45 umgeleitet.

Vorsicht auf der A 5 Karlsruhe Richtung Heidelberg. Nach einem Unfall 10 km Stau.

9

Liebe Hörer: In unserer Sendung „Tipps für Patienten" sprechen wir heute darüber, wie man bei seinem Zahnarztbesuch Geld sparen kann. Kennen Sie das Bonusheft? Wussten Sie, dass Sie ohne Bonusheft weniger Zuschüsse von der Krankenkasse bekommen? Wenn Sie regelmäßig Vorsorgeuntersuchungen durchgeführt haben und diese im Bonusheft abgestempelt wurden, gibt es höhere Zuschüsse bei Zahnbehandlungen – Über all das wollen wir im Folgenden sprechen. Bleiben Sie dran.

Hören Teil 3

Aufgabe 1

Frau: *Guten Tag.*

Mann: *Guten Tag. Was kann ich für Sie tun?*

Frau: *Ich möchte eine Monatskarte für das Stadtgebiet haben.*

Mann: *Für 24 Stunden oder eine 9 Uhr Monatskarte?*

Frau: *9 Uhr Monatskarte? Was bedeutet das?*

Mann: *Sie gilt Montag bis Freitag ab 9.00 Uhr bis Betriebsschluss. Am Wochenende und an den gesetzlichen Feiertagen gilt sie ganztags. Und die 9 Uhr Monatskarte ist 20 % billiger als die normale Monatskarte.*

Frau: *Hm, ich brauche die Karte schon montags bis freitags, manchmal aber auch vor 9 Uhr. Aber vielleicht kann ich ja doch die günstigere Karte nehmen. Ich überlege mir das noch mal. Haben Sie auch samstags geöffnet?*

Mann: *Ja, wir arbeiten sechs Tage in der Woche.*

Aufgabe 2 (Prüfungsaufgabe)

Beispiel

Herr Bauer: *Hallo Frau Schneider. Sie sehen müde aus.*

Frau Schneider: *Hallo. Ja, mir geht's nicht gut. Ich habe Kopfschmerzen und mein Rücken tut weh.*

Herr Bauer: *Waren Sie schon beim Arzt?*

Frau Schneider: *Nein, ich habe keine Zeit. Ich habe so viel Arbeit.*

Herr Bauer: *Frau Schneider, das hat doch keinen Sinn. Gehen Sie ruhig zum Arzt. Ich kann heute länger bleiben und Ihre Arbeit fertig machen. Ich sage auch dem Chef Bescheid.*

Frau Schneider: *Das ist nett, Herr Bauer. Dann gehe ich jetzt gleich und wenn es mir dann wieder besser geht, bleibe ich einmal länger und übernehme Arbeit von Ihnen.*

10 und 11

Jens: *Was meinst du, Sonja, wie findest du die Wohnung? Sollen wir sie mieten oder nicht?*

Sonja: *Naja, sie hat mir schon gefallen. Ein schönes, großes Wohnzimmer, ein Schlafzimmer, ein Zimmer für Erik, ein schöner Balkon und alles ist neu, renoviert.*

Jens: *Das finde ich auch. Ich habe nur Probleme mit der Lage. Klar, sie liegt zentral, aber direkt an dieser großen Straße. Das wird sehr laut.*

Sonja: *Das Schlafzimmer geht ja nach hinten. Und du wolltest doch unbedingt in die Stadt ziehen.*

Jens: *Hmm, lass uns doch einmal die Kosten durchrechnen. Also 650 Euro Miete warm, jetzt zahlen wir 400 Euro, haben aber viel weniger Platz und sehr hohe Fahrtkosten, um in die Stadt zu kommen. Und wir haben dann eine schönere Küche.*

Sonja: *Ich hol mal einen Zettel und wir schreiben alles auf.*

12 und 13

Bankangestellter: *ProBank Müller, was kann ich für Sie tun?*

Maria Schmidt: *Guten Tag, mein Name ist Maria Schmidt. Ich habe bei Ihnen ein Konto, 314 577-210.*

Bankangestellter: *Ja, ich schaue mal im Computer. Ok. Womit kann ich helfen?*

Maria Schmidt: *Ich brauche neue Überweisungsformulare. Ich habe nämlich keine mehr.*

Bankangestellter: *Die können wir Ihnen zuschicken.*

Maria Schmidt: *Gerne.*

Bankangestellter: *Stimmt Ihre Adresse noch?*

Maria Schmidt: *Ja, Müllerstraße 15. Sind die Formulare eigentlich kostenlos?*

Bankangestellter: *Ja, die Formulare kosten bei uns nichts. Das gehört zu unserem Service. Sie können aber auch online überweisen, also übers Internet.*

Maria Schmidt: *Ja, sicher, ich weiß, ich werde mir das mal überlegen. Auf Wiederhören.*

Bankangestellter: *Wiederhören.*

Hörtexte

14 und 15

Claudia: *Hallo Anette. Erzähl mal, wie war denn das Hoffest am Samstag?*

Anette: *Hallo, Claudia. Das Fest war super. Fast alle aus dem Haus waren da, auch die neuen Nachbarn von unten. Wir haben geredet, gegessen, getrunken, Musik gehört.*

Claudia: *Habt ihr auch gegrillt?*

Anette: *Ja, aber als es dunkel wurde, kam das Gewitter. Wir mussten dann ziemlich schnell einpacken. Wir haben aber besprochen, dass wir uns im nächsten Monat nochmal treffen wollen, wir wollen ja auch noch darüber reden, wie man den Hinterhof grüner machen kann, wer welche Pflanzen und Blumen besorgt, wer weitere Ideen hat.*

Claudia: *Habt ihr schon einen Termin ausgemacht?*

Anette: *Ja, nächsten Monat, am ersten Samstag im August, ab 15 Uhr, wieder im Hof.*

Claudia: *Da bin ich ganz sicher dabei. Ich hoffe, dann ist das Wetter besser.*

16 und 17

Frau Maier: *Also Frau Klein, unser neuer Kollege ist ja nicht sehr sympathisch. Er ist laut, hört nicht zu, weiß alles besser. Er denkt wohl, dass er etwas Besseres ist und alles besser kann!*

Frau Klein: *Meinen Sie Herrn Funke? Ich finde ihn nicht so schlimm. Man darf nicht vergessen, dass er wohl neu im Betrieb und noch unsicher ist.*

Frau Maier: *Das kann natürlich sein, aber...*

Frau Klein: *Sprechen Sie ihn doch einmal darauf an, Frau Maier. Ich finde es wichtig, über Konflikte zu reden. Sonst kann man sie nicht lösen.*

Frau Maier: *Ja, gut. Das finde ich auch. Wenn man kein gutes Team hat, kann man auch nicht gut arbeiten.*

Hören Teil 4

Aufgabe 1

Interviewerin: *Wir haben einige Passanten nach ihrer Meinung zum Umweltschutz gefragt, und danach, was sie selbst tun, um die Umwelt zu schützen und um Energie zu sparen.*

Interviewer: *Heute wollen wir mit Studiogästen über die neuen Medien diskutieren, Computer, Internet usw. Wie hat sich unser Leben dadurch verändert? Was ist positiv, was ist negativ? Welche Gefahren gibt es?*

Aufgabe 2 (Prüfungsaufgabe)

Die Kosten im Gesundheitswesen steigen von Jahr zu Jahr, trotzdem werden die Menschen nicht gesünder. Immer mehr Menschen achten deshalb darauf, in ihrem Alltag etwas für ihre Gesundheit zu tun. Wir haben verschiedene Personen befragt, was sie tun, um gesund zu bleiben.

Beispiel

Für mich ist gesundes Essen sehr wichtig. Ich kaufe aber, vor allem bei Obst und Gemüse, nur Produkte aus der Region, die sind am frischesten. Warum soll ich Äpfel kaufen, die über 1000 Kilometer mit dem Flugzeug hierher transportiert worden sind? Die langen Transportwege sind bestimmt nicht gut für die Qualität der Lebensmittel. Nein, ich kaufe ganz bewusst nur Sachen von hier, auch wenn ich dann im Winter eben keine Erdbeeren essen kann.

18

Für mich ist gesunde Ernährung am wichtigsten. Und was ich toll finde: Früher konnten sich nur Leute mit viel Geld Bio-Produkte leisten. Heute gibt es biologische Produkte in jedem Supermarkt. Und man kann sie auch bezahlen. Und auch Bio-Fleisch ist viel günstiger geworden als früher.

19

Ich finde, man muss mehr für die Gesundheit tun, als sich nur gesund zu ernähren. Wir dürfen nicht vergessen, dass die Leute viel zu viel essen und sich immer weniger bewegen. Und wenn man dreimal am Tag Bio-Fleisch isst, ist das auch ungesund, wenn man sich nicht bewegt. Wirklich gesund lebt man nur, wenn man regelmäßig Sport treibt. Bewegung finde ich viel wichtiger als gesundes Essen. Ganz egal, ob das jetzt Radfahren oder Joggen ist.

20

Bewegung ist wichtig, aber am wichtigsten ist es für mich, wenig Stress zu haben, viel Ruhe, – so bleibe ich gesund. Also ab und zu mal in die Sauna gehen, Entspannung, genug schlafen, viel mehr muss nicht sein.

Modelltest 2

Hören Teil 1

Beispiel

Guten Tag, Herr Yildirim. Hier ist die Zahnarztpraxis Dr. Kuhn. Herr Yildirim, Sie waren vorgestern zur Behandlung bei uns, hatten aber Ihre Versichertenkarte nicht dabei. Bitte bringen Sie die Karte in den nächsten Tagen bei uns vorbei. Ihr nächster Termin ist ja am 1. Februar. Vielen Dank und auf Wiederhören.

1

Liebe Fahrgäste, wegen Bauarbeiten halten die Züge der Linie U 1, U 2 und U 8 heute nicht am Südbahnhof. Fahrgäste mit Fahrziel Südbahnhof nehmen bitte die U-Bahn bis zur Haltestelle Schweizer Straße und steigen dort in die Buslinie 122 um. Wir bitten um Ihr Verständnis.

2

Guten Tag, Frau Aslan, hier ist Hans Becker vom JobCenter. Frau Aslan, wir haben eigentlich am kommenden Freitag um 11 Uhr einen Termin. Leider bin ich aber bis Anfang nächster Woche auf einer Fortbildung. Wir müssen also einen neuen Termin ausmachen. Passt Ihnen nächste Woche, Dienstag 9 Uhr? Ich bitte Sie deswegen um einen Rückruf. Melden Sie sich bitte im Sekretariat, Telefon 2171, Durchwahl 676. Vielen Dank. Auf Wiederhören.

3

Liebe Kundinnen und Kunden, nutzen Sie unsere Kundenkarte und kaufen Sie ab jetzt ohne Bargeld bei uns ein! Die Kundenkarte ist kostenlos, Ihre Einkäufe werden am Ende des Monats abgerechnet. Das besondere Angebot für unsere neuen Kundenkarten-Besitzer: Sie nehmen an unserem Gewinnspiel teil. Gewinnen Sie eine Reise nach Paris! Weitere Informationen bekommen Sie in unserem Service-Bereich.

4

Liebe Kunden, besuchen Sie unsere Wurst- und Frischfleischabteilung, diese Woche mit Spezialitäten aus Spanien. Außerdem bieten wir Ihnen spanische Erdbeeren und Orangen zum Sonderpreis, die 250-g-Schale Erdbeeren für nur 98 Cent, das Kilo spanische Orangen für nur 1,29 Euro. Probieren Sie auch unser frisches Gemüse und unsere frischen Gewürze aus dem Mittelmeerraum!

Hören Teil 2

5

Und hier die Wettervorhersage für Deutschland: Morgen ist es im Süden wieder den ganzen Tag über sonnig, Temperaturen zwischen fünf und zehn Grad. Im Nordosten dagegen bewölkt; vereinzelt mit etwas etwas Sprühregen oder Schnee. Dabei gehen die Temperaturen zurück auf ein bis vier Grad. Es wird also noch etwas dauern, bis der Frühling kommt.

6

Liebe Hörerinnen und Hörer, hier unser Programm für die Woche. Sie hören aus der Sendereihe „Unser Ratgeber" die folgenden Sendungen: Am Montag um 18.15 Uhr die Sendung „So kommen Sie zu Ihrem Recht", mit rechtlichen Fragen und Antworten, am Mittwoch um 18.15 Uhr die Sendung „Aus der Arbeitswelt": Jobberater sprechen über Themen aus der Arbeitswelt, auch über richtige Bewerbungen. Am Samstag um 10.40 Uhr die Sendung „Welt der Mode" mit den aktuellsten Modetipps, und am Sonntag um 12.15 Uhr den Garten-Ratgeber mit Ratschlägen für Ihre Gartenarbeit. Schicken sie uns Ihre Fragen und schalten Sie ein!

7

Und hier die Verkehrsmeldungen: A 1 Dortmund Richtung Köln zwischen Gevelsberg und Kreuz Wuppertal Nord: Die Bauarbeiten sind beendet, die Straße ist wieder vierspurig befahrbar. Der Stau auf der A 3 Köln Richtung Frankfurt zwischen Kreuz Köln-Ost und Dreieck Heumar hat sich aufgelöst. Auch hier können Sie wieder normal fahren. Achtung Autofahrer auf der A 31 Bottrop Richtung Gronau: Zwischen Heek und Gronau/Ochtrup kommt Ihnen ein Fahrzeug entgegen. Fahren Sie langsam, äußerst rechts und überholen Sie nicht!

8

Haben Sie Lust auf einen Wochenendtrip nach Italien? Radio Pop-FM macht's möglich! Rufen Sie an und sagen Sie uns, was zurzeit Ihr Lieblingssong ist: Welcher Song soll in die Hitparade? Mit etwas Glück gewinnen Sie ein Wochenende in Rom für zwei Personen im 4-Sternehotel. Daneben gibt's jede Woche zehn Einkaufsgutscheine im Wert von 150 Euro zu gewinnen. Also: Anrufen und gewinnen mit Radio Pop-FM!

9

Das waren die Nachrichten. Und hier noch eine Meldung der Polizei. Seit gestern Abend wird Herr Rainer Lohmann vermisst. Herr Lohmann ist 80 Jahre alt und war auf dem Weg von der Hermannstraße zu seiner Wohnung in Frankfurt Griesheim. Herr Lohmann ist ca. 1,70 m groß, trägt einen braunen Wintermantel und eine Brille. Er hat Schwierigkeiten, sich zu orientieren. Hinweise nimmt jede Polizeidienststelle entgegen.

Hören Teil 3

Beispiel

Arzt: Tag Frau Schneider. Geht es Ihnen besser?

Frau Schneider: Ja die Kopfschmerzen sind besser geworden, aber mein Rücken tut immer noch weh.

Arzt: Haben Sie schon mit der Krankengymnastik angefangen?

Frau Schneider: Ja, aber ich habe immer noch starke Schmerzen.

Arzt: Dann verschreibe ich Ihnen zur Unterstützung Schmerztabletten. Nehmen Sie 2mal täglich, morgens und abends, eine Tablette immer nach dem Essen. Wenn es in einer Woche nicht besser ist, kommen Sie noch mal in meine Sprechstunde. Machen Sie auf jeden Fall weiter Ihre Krankengymnastik und versuchen Sie die Übungen, die Ihnen gut tun, auch zu Hause zu machen.

Frau Schneider: Und was ist mit Radfahren und Schwimmen?

Arzt: Schwimmen ist in Ordnung, am besten Rückenschwimmen. Mit dem Radfahren wäre ich erst mal vorsichtig. Hören Sie auf Ihren Körper. Bewegung ist gut, aber alles, was unangenehm ist, sollten Sie lassen.

10 und 11

Herr Schmidt: Guten Tag, Frau Brodsky, hier ist Jan Schmidt, der Klassenlehrer von Marek.

Frau Brodsky: Guten Tag Herr Schmidt.

Herr Schmidt: Frau Brodsky, ich möchte Sie über ein neues Angebot unserer Schule informieren. Herr Scholz, der Deutschlehrer von Marek, sagt, dass Ihr Sohn viel besser in Deutsch geworden ist. Aber er hat leider immer noch Probleme in Mathematik.

Frau Brodsky: Ja, ich weiß. Wir haben auch schon an Nachhilfe gedacht, aber das ist teuer.

Herr Schmidt: Ja, deswegen rufe ich Sie an. Bei uns in der Schule gibt es seit kurzer Zeit eine Hausaufgabenbetreuung für die Kinder, täglich nachmittags in der Zeit von 13 bis 14 Uhr. Dieses Angebot kann ich Ihnen für Marek sehr empfehlen.

Frau Brodsky: Vielen Dank. Davon wusste ich noch gar nichts. Und dort bekommt er Hilfe in Mathematik?

Herr Schmidt: Ja, und in allen anderen Fächern auch, wo es nötig ist. Sie können sich im Sekretariat weiter über die Einzelheiten informieren.

Frau Brodsky: Vielen Dank für den Rat, Herr Schmidt, das ist bestimmt eine gute Möglichkeit für Marek.

Herr Schmidt: Gern geschehen. Viel Erfolg und auf Wiederhören.

12 und 13

Herr Kowalski: Guten Tag.

Beamtin: Guten Tag, Herr Kowalski.

Herr Kowalski: Ich habe noch Fragen zu meinem Antrag auf Wohngeld. Ich habe schon das meiste ausgefüllt, können Sie mal schauen, ob alles stimmt, und was noch fehlt?

Beamtin: Mal sehen, Herr Kowalski, ja, eine Frage: Nutzen Sie die Wohnung oder einen Teil davon für Ihren Beruf, als Arbeitsraum? Also: arbeiten Sie auch selbstständig, benutzen Sie die Wohnung beruflich?

Herr Kowalski: Nein, nein, ich arbeite hier am Flughafen. Ich bin angestellt. Diese Arbeit habe ich vom JobCenter bekommen. Die Verdienstbescheinigung habe ich auch dabei, und alle anderen Papiere, auch den Mietvertrag, habe ich ja abgegeben.

Beamtin: Gut, alle Papiere sind da. Hier fehlt aber noch Ihre Unterschrift.

Herr Kowalski: Wie lange wird es dauern, bis der Antrag bearbeitet ist?

Beamtin: Nun, ich denke in vier Wochen bekommen Sie Bescheid ...

14 und 15

Arbeitgeber: Guten Tag, Frau Mavinga. Sie interessieren sich also für die Stelle als Verkäuferin?

Frau Mavinga: Ja, ich habe schon in meinem Heimatland in einer Boutique gearbeitet, und das hat mir großen Spaß gemacht.

Arbeitgeber: Das habe ich in Ihrer Bewerbung gelesen, Ihre Zeugnisse waren ja auch sehr gut. Frau Mavinga, wir suchen jemanden, der auch jeden Samstag voll arbeiten kann.

Frau Mavinga: *Das ist für mich kein Problem. Wie sind denn die Arbeitszeiten?*

Arbeitgeber: *Im Moment suchen wir eine Teilzeitkraft, 20 Stunden pro Woche. Am Samstag müssten sie 8 Stunden arbeiten, die anderen Stunden dann an den restlichen Tagen. Möchten Sie ganze Tage arbeiten, oder lieber öfters halbtags?*

Frau Mavinga: *Eigentlich suche ich eine Vollzeitstelle.*

Arbeitgeber: *Also, es ist gut möglich, dass wir die Teilzeitstelle in eine Vollzeitstelle umwandeln werden. Das entscheidet sich im nächsten Quartal.*

Frau Mavinga: *Ja, das hört sich ja gut an.*

Arbeitgeber: *Gut, wir sagen Ihnen dann Bescheid ...*

16 und 17

Frau: *Guten Tag. Ich habe vor zwei Wochen meine Waschmaschine zur Reparatur gegeben. Ich warte immer noch.*

Mann: *Das tut mir leid. Zwei Mitarbeiter sind krank, deshalb konnten wir Ihre Waschmaschine noch nicht reparieren.*

Frau: *Ich brauche sie aber dringend Können Sie mir nicht ein Ersatzmodell geben, bis meine Waschmaschine fertig ist?*

Mann: *Das ist schwierig ... Wenn Sie noch ein paar Tage warten können – wir führen die Reparatur sofort durch. Wir liefern Ihnen Ihre Waschmaschine dann spätestens am Samstagvormittag, oder schon früher, wenn es möglich ist. Wären Sie damit einverstanden?*

Frau: *Gut, aber dann hätte ich jetzt doch gern einen konkreten Liefertermin.*

Mann: *Wir können Ihnen am Donnerstag Bescheid sagen. Wir rufen Sie an und machen mit Ihnen einen Termin für Freitag oder Samstag aus.*

Frau: *Ich arbeite immer nachmittags, auch samstags.*

Mann: *Kein Problem, wir können auch morgens ab 7 Uhr vorbeikommen.*

Frau: *Gut, bis dann.*

Mann: *Auf Wiedersehen.*

Hören Teil 4

Heute sprechen wir mit einigen Passanten über ihre Meinung zu Ladenöffnungszeiten am Sonntag. Normalerweise haben die Geschäfte in Deutschland sonntags geschlossen, nur an einigen Sonntagen im Jahr dürfen die Geschäfte geöffnet sein. Was ist Ihre Meinung?

Beispiel

Das soll doch jeder selbst entscheiden. Ich finde es gut, dass man inzwischen an Werktagen länger einkaufen kann, warum dann nicht auch am Sonntag? Vor Weihnachten ist das ja auch erlaubt. Dann dürfen die Geschäfte aufhaben. Warum also nicht an allen Sonntagen?

18

Natürlich ist es für die Kunden schön, wenn sie einkaufen können, wann sie möchten, auch sonntags. Aber haben Sie auch einmal an die Angestellten gedacht? Ich glaube nicht, dass sie begeistert sein werden, sonntags zu arbeiten. Auch wenn sie einen anderen Tag in der Woche frei bekommen, ist das nicht dasselbe. Der Sonntag gehört der Familie.

19

Ich muss Ihnen ehrlich sagen, ich muss zwar manchmal sonntags arbeiten, ich bin Kellnerin, und ich und viele meiner Kolleginnen finden das in Ordnung. Der Vorteil eines freien Sonntags ist aber: Es ist einfach angenehm, einen Tag in der Woche zu haben, an dem die Welt ruhig ist, man keinen Stress hat, und auch nicht durch die Geschäfte gehen muss. In unserer hektischen Welt wird man dadurch gezwungen, einmal abzuschalten, nichts zu tun. Das finde ich unglaublich wichtig.

20

Heißt es nicht: der Kunde ist König? Also warum nicht die Geschäfte am Sonntag öffnen? Dann kann jeder einkaufen, wann er möchte. Und viele Leute haben nur am Sonntag Zeit, einzukaufen. Ich bin sicher, das ist auch für die Wirtschaft von Vorteil. Wenn mehr gekauft wird, gibt es mehr Arbeit. Und viele neue Stellen können geschaffen werden. Man sollte die Sonntagsarbeit allerdings besser bezahlen.

Hörtexte

Modelltest 3

Hören Teil 1

Beispiel

Verehrte Fahrgäste. Wegen Bauarbeiten an den Gleisen haben alle S-Bahnen Richtung Hauptbahnhof heute 15–20 Minuten Verspätung. Und noch ein wichtiger Hinweis: Die Linie S 4 zum Hauptbahnhof fährt heute von Gleis 7 ab und nicht von Gleis 5. Wir bitten um Ihr Verständnis.

1

Guten Tag, Frau Schmidt. Hier ist das Sekretariat der Schillerschule. Leider müssen wir den Elternsprechtag am nächsten Samstag verschieben, weil der Klassenlehrer, Herr Burger, krank geworden ist. Wir werden Ihnen einen neuen Termin für den Elternsprechtag schriftlich mitteilen.

2

Hallo Svetlana, hier Ewa. Wir wollen doch heute Abend ins Kino. Ich habe dort angerufen und zwei Karten reserviert. Der Film fängt um 20.30 Uhr an, wir müssen aber schon eine halbe Stunde vorher da sein, um die Karten an der Kasse abzuholen. Kannst du das machen? Ich muss nämlich bis 20 Uhr arbeiten und kann erst kurz vor halb neun zum Kino kommen. Danke.

3

Guten Tag, hier ist der automatische Anrufbeantworter des Bürgeramts Hannover.
Sie rufen außerhalb unserer Geschäftszeiten an. Diese sind: montags bis freitags 8–14 Uhr und dienstags und donnerstags 8–18 Uhr. Außerdem haben wir auch an Samstagen von 9–14 Uhr geöffnet. Für weitere Informationen können Sie unsere Telefon-Hotline anrufen: 0511/168-44722. Vielen Dank.

4

Guten Tag, hier ist die orthopädische Praxis Dr. Metz. Wir sind im Urlaub. Unsere Praxis ist bis zum 1. März geschlossen. In dringenden Fällen können Sie sich mit unserer Vertretung in Verbindung setzen, Frau Dr. Lohfert, Kaiserstraße 20, Telefon 069 234489. Die Vertretung für Akupunktur-Behandlungen übernimmt in dieser Zeit Frau Bergmann, ebenfalls Kaiserstraße 20, Telefon 069 235639. Ab 3. März sind wir wieder für Sie da.

Hören Teil 2

5

HR 3 Verkehrsservice. A 3 Frankfurt–Köln. Zwischen Limburg–Nord und Dietz drei Kilometer Stau wegen einer Baustelle.
Vorsicht auf der A 5 Heidelberg–Darmstadt. Nach einem Unfall mit einem LKW liegen zwischen Heppenheim und Bensheim Baumaterialien auf der Fahrbahn.
A 45 Gießen–Dortmund: Zwischen Freudenberg und Kreuz Olpe Süd fahren Radfahrer auf der Fahrbahn. Fahren Sie bitte vorsichtig.

6

Und jetzt das Wetter in Hessen: Am Freitag ist es noch nass und kalt mit Höchsttemperaturen um 8 Grad und kräftigen Winden, aber am Wochenende lässt sich häufig die Sonne sehen bei steigenden Temperaturen. Nächste Woche erwarten wir dann wieder starke Regenfälle mit Wind.

7

Liebe Hörer. In unserer Senderreihe „Recht und Finanzen" gibt Ihnen jetzt unser Experte vom Finanztest wichtige Informationen zum Thema Autoversicherung. Wie lange können Sie Ihre Autoversicherung frei wechseln? Bis wann können Sie Ihre alte Versicherung kündigen? Danach die Neuigkeiten aus der Welt des Rechts. Bleiben Sie dran.

8

… Bitte achten sie auf die folgende Programmänderung. Wegen einer Sondersendung zu den Landtagwahlen in Nordrhein-Westfalen um 20.15 Uhr fällt heute Abend der Krimi „Polizeiruf 110" aus. Wir werden den Krimi zu einem späteren Zeitpunkt senden. Den neuen Sendetermin finden Sie ab morgen in unserem Videotext.

9

Und hier eine Meldung der Polizei. In einer Lagerhalle in Griesheim ist ein Brand ausgebrochen. Das Feuer ist inzwischen unter Kontrolle. Wegen der Rauchentwicklung werden die Bewohner des Stadtteils Griesheim aufgefordert, Fenster und Türen zu schließen und in ihren Wohnungen zu bleiben. Bitte gehen Sie nicht zum Unfallort und behindern sie nicht die Löscharbeiten.

Hören Teil 3

Beispiel

Nachbarin: *Hallo Julia. Erzähl mal, wie war denn das Hoffest?*

Julia: *Also, am Anfang super. Viele Leute aus dem Haus waren da, wir haben viel geredet, gegessen, getrunken. Und das Wetter war gut, den ganzen Tag trocken, kein Regen.*

Nachbarin: *Und dann? Weil du gesagt hast: am Anfang?*

Julia: *Naja, gegen Abend ist dann Herr Beck, der Mieter vom 3. Stock gekommen und hat gesagt, dass wir zu laut wären, wir müssten die Musik leiser machen, er wollte seine Ruhe haben.*

Nachbarin: *Habt ihr denn nicht gesagt, dass er mitfeiern soll?*

Julia: *Doch, natürlich. Aber er hatte keine Lust. Naja, es gibt immer komische Leute. Aber sonst war es schön. Ich habe sehr viele Leute kennengelernt.*

Nachbarin: *Schade, dass ich nicht kommen konnte.*

Julia: *Warum musst du immer auch am Wochenende arbeiten …?*

10 und 11

Verkäufer: *Guten Tag.*

Frau: *Guten Tag. Ich möchte mein Fahrrad reparieren lassen. Ich weiß aber nicht, ob es sich noch lohnt. Es ist ziemlich alt.*

Verkäufer: *Mal sehen, ja, das stimmt.*

Frau: *Wichtig wären mir Vorderlicht und Bremse. Das muss funktionieren.*

Verkäufer: *Ok. Das können wir machen. Morgen Abend können Sie Ihr Rad abholen und, das ist ja unser Service, Sie können sich hier ein anderes Rad aussuchen, das Sie in der Zwischenzeit, also bis morgen Abend, benutzen können. Das kostet Sie nichts.*

Frau: *Super. Ganz toll. Sagen Sie, verkaufen Sie eigentlich auch neue Räder und nehmen Sie alte Räder in Zahlung?*

Verkäufer: *Nein, tut mir leid. Das machen wir nicht mehr. Das lohnt sich für uns nicht. Aber gehen Sie doch mal zum Fahrrad-Service in der Gartenstraße. Ich glaube, die haben interessante Angebote.*

12 und 13

Frau Scholz: *Hallo, Herr Wagner.*

Mann: *Hallo, Frau Scholz. Ich habe eine große Bitte. Wir fahren nächste Woche in den Urlaub. Könnten Sie dann nach unserer Post gucken und bei uns die Blumen gießen?*

Frau Scholz: *Kein Problem, ich finde, Nachbarn sollten sich immer helfen. Wie lange sind Sie weg?*

Mann: *Bis Sonntagabend.*

Frau Scholz: *Also, am Wochenende bin ich auch nicht da, aber die Blumen muss man ja nicht täglich gießen, oder?*

Mann: *Nein, nein, so heiß ist es nicht, vielleicht zweimal die Woche.*

Frau Scholz: *Und mit der Post? Erwarten Sie etwas Wichtiges? Dann kann ich Sie im Urlaub anrufen, wenn Sie mir eine Telefonnummer geben.*

Mann: *Ach, was soll schon kommen? Meistens sind das ja sowieso nur Rechnungen, das kann warten. Wichtig ist nur, dass der Briefkasten nicht zu voll wird.*

14 und 15

Frau: *Guten Tag. Ich komme gerade von meinem Arzt und habe hier ein Rezept.*

Apothekerin: *Guten Tag, einen Moment bitte. Das Medikament haben wir im Augenblick nicht hier. Wir müssen es bestellen. Heute um 14 Uhr ist es da.*

Frau: *Gut, dann komme ich später noch einmal vorbei. Wie viel muss ich zahlen?*

Apothekerin: *Einen Moment, … das Medikament ist gebührenfrei.*

Frau: *Ist ja toll. Ich dachte, man muss immer eine Rezeptgebühr bezahlen.*

Apothekerin: *Im Prinzip stimmt das, aber es gibt auch ein paar Arzneimittel, die gebührenfrei sind. Haben Sie noch einen Wunsch?*

Frau: *Ja, ich brauche noch eine Zahnbürste.*

Apothekerin: *Schauen Sie da hinten, wir haben eine große Auswahl.*

16 und 17

Herr Martin: *Hallo Herr Braun, kommen Sie heute Abend auch auf die Betriebsversammlung?*

Herr Braun: *Nein, leider kann ich nicht.*

Hörtexte

Herr Martin: *Schade, es wird sicher interessant. Diskutiert wird unter anderem die Urlaubsplanung, die Pausenregelung und wie es mit Fahrgeld aussieht.*

Herr Braun: *Ach ja, das Job-Ticket. Das ist natürlich sehr wichtig.*

Herr Martin: *Überlegen Sie es sich doch noch einmal.*

Herr Braun: *Mal sehen, ich habe heute Abend eigentlich einen Termin mit dem Nachhilfelehrer von Tobias, aber vielleicht kann ich den auch verschieben.*

Herr Martin: *Das wäre gut. Es wäre schon wichtig, wenn so viele Kollegen wie möglich anwesend sein könnten.*

Hören Teil 4

Wir sind hier auf dem Kinderspielplatz im Günthersburgpark und wollen mit einigen Eltern über Kindererziehung und Fernsehen sprechen. Wie sehen sie den Einfluss des Fernsehens auf die Kinder? Ist Fernsehen gut oder schlecht? Wie soll man damit umgehen?

Beispiel
Ich finde, man muss auf jeden Fall mit den Kindern klar vereinbaren, was sie sehen und wie viele Stunden sie täglich vor dem Fernsehen sitzen dürfen. Man weiß doch, dass Kinder sich heute viel zu wenig bewegen, weil sie zu viel vor dem Fernseher oder dem Computer sitzen. In der Schule sind sie dann oft müde und kommen nicht mehr mit.

18
Naja, bei uns war das Problem, dass wir, also die Eltern, es gewohnt waren, morgens zum Frühstück den Fernseher einzuschalten, beim Essen fernzusehen, und so weiter. Wir haben uns eigentlich überhaupt keine Gedanken gemacht. Als Thorsten kam, wollten wir den Fernseher erst verkaufen. Dann haben wir ihn aber doch behalten und nur noch ganz wenig ferngesehen, meistens nur, wenn er schlief. Man sollte mit gutem Beispiel vorangehen. Thorsten ist jetzt vier Jahre alt, bis jetzt interessiert ihn Fernsehen nicht besonders.

19
Ich finde, in den ersten Jahren sollte ein Kind überhaupt nicht fernsehen, und ab 3 Jahren, wenn es sich wirklich nicht vermeiden lässt, höchstens 20 Minuten pro Tag. Später, wenn das Kind in die Schule geht, vielleicht eine Stunde. Und wenn sie größer sind, ist es natürlich wieder anders. Wichtig finde ich, die Fernbedienung wegzulegen.

20
Früher gab es bei uns oft Streit, weil unsere Kleinen immer fernsehen wollten und wir das nicht gut fanden. Wir haben sogar daran gedacht, den Fernseher zu verkaufen, aber das hätte das Problem nicht gelöst. Jetzt schauen wir immer gemeinsam mit den Kindern fern. Nachmittags eine Stunde, manchmal auch länger. Dann kann man auch besprechen, was man gesehen hat. Ich finde es sehr wichtig, dass man die Kinder mit den Medien nicht alleine lässt.

Modelltest 4

Hören Teil 1

Beispiel

Meine Damen und Herren, wegen Schnee und Eis auf den Gleisen haben alle S-Bahnen heute Vormittag ca. 20 Minuten Verspätung. Fahrgästen in Richtung Hauptbahnhof empfehlen wir, die U-Bahn Linien U 1, U 2 und U 3 zu nehmen. Diese fahren nach Fahrplan. Die Buslinien vom Hauptbahnhof Richtung Mainz und Wiesbaden fahren heute alle dreißig Minuten.

1

Hier spricht der automatische Anrufbeantworter der Praxis Dr. Neumann. Wegen des Umzugs unserer Praxis in den zweiten Stock sind wir erst wieder ab dem 26. Juli telefonisch erreichbar. In dringenden Fällen wählen sie bitte die Nummer des Ärztlichen Notdienstes 19292. Für Termine zur Krankengymnastik in den nächsten vierzehn Tagen wählen Sie bitte die Nummer 0160 3221320. Und noch ein Hinweis: Auch nach dem Umzug der Praxis bleibt unsere Telefonnummer unverändert: 069 457732.

2

Guten Tag. Sie sind verbunden mit der Volkshochschule Frankfurt/Höchst Sprachenberatung. Im Augenblick ist unser Telefon leider nicht besetzt. Die Sprachenberatung hat montags von 13–18 Uhr und mittwochs von 9–12 Uhr geöffnet. Wenn Sie einen Sprachkurs besuchen möchten, müssen Sie vorher in die Beratung kommen, damit wir für Sie den besten Kurs finden können. Informationen zu anderen Kursen an der Volkshochschule erhalten Sie unter der Nummer 21271555. Vielen Dank.

3

Guten Tag, Frau Kim. Hier Lahmeyer von City-Immobilien. Frau Kim, wir haben vielleicht ein Angebot für Sie. Zwar nicht eine 2-Zimmer-Wohnung mit Balkon, wie Sie eigentlich suchen, sondern eine 3-Zimmer-Wohnung. Sie ist sehr günstig, 420 Euro warm, hat allerdings leider keinen Balkon. Setzen Sie sich doch schnell mit uns in Verbindung, wenn Sie die Wohnung besichtigen wollen.

4

Guten Morgen, Herr Bouzidi. Hier ist die Firma Thor-Elektrik. Leider können wir nicht wie vereinbart heute Mittag um 13 Uhr Ihren Gasherd anschließen. Wir können erst zwischen 17 und 19 Uhr kommen. Jetzt sind Sie nicht zu Hause ... Wenn Sie diesen Anruf abhören, melden Sie sich doch bitte noch einmal bei uns, ob 17 bis 19 Uhr in Ordnung ist. Unsere Telefonnummer ist 5466321. Vielen Dank für Ihr Verständnis und auf Wiederhören.

Hören Teil 2

5

Berlin. Der Flughafen Berlin-Tegel musste am Dienstag für rund eine Stunde gesperrt werden. Um 11.30 Uhr wurde der Flugverkehr eingestellt, um die Start- und Landebahnen vom Eis zu befreien. 13 Flüge sind in dieser Zeit zum Flughafen Schönefeld umgeleitet worden.

Und jetzt zum Ausland.
Kopenhagen: Der Klimagipfel in Kopenhagen hat nicht den gewünschten Erfolg gebracht. Aus Kopenhagen dazu unser Korrespondent Hans Eisner.

6

Und hier das Wetter. Endlich fängt der Sommer an. Heute war es noch etwas kühl und regnerisch, aber morgen steigen die Temperaturen in ganz Deutschland: im Norden auf 20 bis 25 Grad, im Süden sind sogar 28 Grad möglich und es bleibt trocken.
Die weiteren Aussichten: Am Wochenende scheint in ganz Deutschland die Sonne mit Höchsttemperaturen zwischen 25 und 30 Grad.

7

Die Verkehrsmeldungen:
A 3 Frankfurt Richtung Nürnberg: Zwischen Würzburg-Heidingsfeld und Raststätte Würzburg: Der gemeldete Stau hat sich aufgelöst. Sie haben freie Fahrt.
A 8 Salzburg Richtung München. Zwischen Bernau am Chiemsee und Frasdorf 10 km Stau nach Unfall. Fahren Sie bitte vorsichtig.
A 9 Nürnberg Richtung Berlin. Zwischen Pegnitz und Trockau Gefahr durch Gegenstände auf der Fahrbahn.

8

Liebe Hörer, Silvester feiert Radio Rock FM wieder die große Silvesterparty, diesmal in Bremen - wie jedes Jahr mit jeder Menge DJs und Live-Bands. Auf vier Bühnen findet jeder seine Musik. Auf der Rockbühne Live-Musik aus England, auf der Pop-Bühne legen unsere DJs das Beste aus den letzten Jahren auf, die Deutsch-Pop-Bühne bietet Musik nur in deutscher Sprache, und für alle, die es international wollen: die World-Bühne mit Musikern aus Afrika und Asien. Für unsere Hörer verlosen wir Eintrittskarten für die Silvesterparty. Rufen Sie uns an unter 0171 2456113. Die ersten 10 Anrufer gewinnen!

Hörtexte

9
Liebe Hörer. Willkommen zu unserer Sendung ‚Rund ums Auto'. Der 30. November ist der letzte Tag, an dem Sie Ihre Kfz-Versicherung für das nächste Jahr wechseln können. Warum gerade Ende November? Die meisten KfZ-Versicherungen laufen bis zum 31.12. und die gesetzliche Kündigungsfrist beträgt einen Monat, solange kein besonderer Kündigungsgrund vorliegt. Verpasst man den 30. November, verpasst man also die Möglichkeit, Geld zu sparen.

Hören Teil 3

Beispiel
Freundin: *Hallo Svetlana, wir haben uns lange nicht mehr gesehen. Wie geht es dir?*

Svetlana: *Hallo! Ganz gut, danke. Weißt du, ich bin vor zwei Monaten aufs Land gezogen, nach Büdingen.*

Freundin: *Büdingen? Das ist aber ganz schön weit weg.*

Svetlana: *Ja schon, aber ich bin sehr zufrieden. Die Ruhe, die Natur, die gute Luft, das habe ich in der Stadt nicht so gehabt. Und für die Kinder ist es ideal. Und du willst weiter in der Stadt wohnen bleiben?*

Freundin: *Ja, auch wegen der guten Verkehrsverbindungen. Wie lange brauchst du, bis du in der Stadt bist?*

Svetlana: *Naja, mit dem Zug brauche ich eine Stunde in die Stadt, mit dem Auto geht es natürlich schneller. Aber da ich zu Hause arbeite, muss ich auch nicht viel mit dem Auto fahren.*

Freundin: *Aber du bist doch immer gern abends weggegangen. Fehlt dir das nicht?*

Svetlana: *Im Moment nicht. Ich lade jetzt sehr oft Leute ein und wir machen etwas bei mir. Komm mich doch auch mal besuchen.*

Freundin: *Ja gern, gibt mir mal deine Adresse ...*

10 und 11
Kundin: *Guten Tag.*

Mann: *Guten Tag.*

Kundin: *Ich möchte meinen Computer abholen. Ich habe ihn letzte Woche zur Reparatur gegeben und er soll heute fertig sein. Hier ist der Abholzettel.*

Mann: *Mal schauen ... Er ist leider noch nicht fertig. Wir haben Probleme mit der Festplatte festgestellt und müssen das noch einmal genauer überprüfen. Ihr Computer wird leider erst am Donnerstag fertig sein.*

Kundin: *Aber ich habe wichtige Arbeiten, die nicht warten können. Hätten Sie vielleicht einen Ersatz bis Donnerstag?*

Mann: *Wir können Ihnen für die Zwischenzeit einen Laptop geben. Würde Ihnen das weiterhelfen?*

Kundin: *Ja, das wäre eine Lösung. Vielen Dank.*

12 und 13
Herr Tsegai: *Guten Tag.*

Beamter: *Guten Tag, Herr Tsegai, bitten nehmen sie Platz.*

Herr Tsegai: *Danke.*

Beamter: *Herr Tsegai, ich habe Sie zu einem Gespräch über Ihre berufliche Weiterbildung eingeladen. Sie haben ja Ihren Deutschkurs bald beendet. Was sind Ihre Pläne?*

Herr Tsegai: *Nun, ich bin ja schon länger hier in Deutschland und habe auch schon hier gearbeitet und zwar in einer Bäckerei.*

Beamter: *Was haben Sie dort gemacht? Haben Sie verkauft, oder auch in der Backstube gearbeitet?*

Herr Tsegai: *Nein, nur verkauft. Das hat mir Spaß gemacht. Aber dann habe ich die Arbeit verloren und den Kurs gemacht. Und jetzt suche ich Arbeit. Oder eine Ausbildung. Am liebsten würde ich Bäcker lernen.*

Beamter: *Es gibt Ausbildungsgänge zum Bäcker. Dort lernen Sie auch die Berufssprache.*

Herr Tsegai: *Und kann man dann leichter Arbeit finden?*

Beamter: *Auf jeden Fall. Dann bekommen Sie ein anerkanntes Diplom der Handwerkskammer. Ich gebe Ihnen mal Unterlagen über den Ausbildungsgang zum Bäcker mit. Dann kommen Sie nächste Woche vorbei und wir unterhalten uns weiter.*

Herr Tsegai: *Vielen Dank.*

14 und 15
Freundin: *Hallo Yvonne, wie geht's euch?*

Yvonne: *Hallo! Ach, eigentlich gut. Tobias kommt gut mit in der Schule, aber er liest einfach zu wenig.*

Freundin: *Du, im Nachbarschaftszentrum hat gerade eine Kinderbibliothek aufgemacht. Vielleicht ist das was für ihn. Dort gibt es Bilderbücher, Erzählungen, alles. Sie machen auch Veranstaltungen. Wo habe ich die Zeitung ... [Pause, Papier rascheln] Hier steht's: Zum Beispiel Vorlesen und Basteln, Filme im Traumkino und auch Lesungen mit Autoren.*

Yvonne: Das hört sich gut an. Wie teuer ist denn das?

Freundin: Bücher leihen kostet nichts, nur für das Kino muss man 2 Euro bezahlen. Und du kannst die Bücher dort vorbeibringen, die du für Tobias gekauft hast und die er sowieso nicht mehr liest.

Yvonne: Dann bekomme ich noch etwas Geld zurück?

Freundin: Nein, leider gibt es kein Geld dafür, aber doch besser, als wenn man sie wegwirft.

Yvonne: Und wann hat die Kinderbibliothek genau geöffnet?

Freundin: Warte mal, das steht hier irgendwo …

16 und 17

Kunde: Guten Tag, sind Sie der Marktleiter?

Marktleiter: Ja, was kann ich für Sie tun?

Kunde: Ich habe gestern diese Milch gekauft, aber sie ist nicht mehr gut. Schauen Sie. Das Haltbarkeitsdatum ist Montag, der 4. Oktober, aber heute ist der 8. Oktober.

Marktleiter: Oh das tut mir leid. Haben Sie den Kassenzettel dabei?

Kunde: Ja, natürlich. Hier, bitte.

Marktleiter: Dann gebe ich Ihnen das Geld zurück. Oder möchten Sie lieber eine neue Milch?

Kunde: Nein, ich hätte gern das Geld zurück.

Marktleiter: Dann gehe ich mit Ihnen zur Kasse und Sie bekommen ihr Geld. Machen wir das sofort, wir schließen nämlich gleich.

Kunde: Vielen Dank.

Hören Teil 4

Am Schluss unseres Umweltmagazins folgt jetzt eine kleine Diskussionsrunde mit unseren Studiogästen. Wir möchten gerne wissen, was Ihnen beim Umweltschutz am wichtigsten ist, und was man tun könnte, um die Umwelt zu schützen.

Beispiel
Für mich ist der Müll das größte Problem, überall, in allen Ländern. Ich finde es wichtig, den Müll zu trennen. Bei uns im Haus machen das alle. Ich finde es aber nicht gut, dass die Stadt nicht jeden Abfall, z. B. alte Türen und Fenster oder alte Autoreifen, kostenlos mitnimmt. Aber trotzdem:
Mülltrennung ist wichtig und jeder Einzelne kann so etwas für den Umweltschutz tun.

18
Ich bin mit Ihnen einer Meinung, obwohl ich denke, dass die ganze Mülltrennung oft übertrieben wird. Immer wird uns Verbrauchern ein schlechtes Gewissen eingeredet. Aber bei der Produktion müsste man anfangen, bei der Verpackungsindustrie. Da passiert gar nichts. Ich habe nicht das Gefühl, dass weniger Verpackungen produziert werden. Es ist schwierig, nur Produkte mit wenig Verpackung zu kaufen, obwohl ich das schon versuche.

19
Wichtiger als den Müll finde ich die vielen Autos, die Staus und die schlechte Luft. Es gibt zwar viel mehr Fahrradwege als früher, aber ich denke nicht, dass weniger Auto gefahren wird. Viele können sich einfach nicht vorstellen, ihr Auto in der Garage zu lassen. Aber ich denke, irgendwann wird sich das ändern. Es gibt doch kaum noch Parkplätze. Und auch die Politik müsste etwas tun. Die Preise für öffentliche Verkehrsmittel sind einfach zu hoch. Wenn ich Politiker wäre, würde ich das sofort ändern. Dann würden auch mehr Leute ihr Auto stehen lassen.

20
Wir alle können etwas für die Umwelt tun, das stimmt. Aber wir sprechen die ganze Zeit über Umweltprobleme bei uns. Umweltschutz ist aber ein weltweites Problem, denken Sie nur an den Klimaschutz, an die Energie, die immer knapper wird. Oft stehen die wirtschaftlichen Interessen zu sehr im Vordergrund. Man braucht Regeln, an die sich alle Länder halten, Umweltschutz hört nicht an den Grenzen eines Landes auf.

Modelltest 1

Hören Teil 1

Seite 8, Aufgabe 1a und 1b
Was sollen Sie tun?
a Das Auto vorbeibringen
b Das Auto abholen
c Ersatzteile bestellen

b ist richtig: Ihr Auto ist fertig, Sie können es abholen.
a ist falsch: Sie haben Ihr Auto schon „zur Reparatur abgegeben". Die Autowerkstatt ruft an, damit Sie es wieder abholen.
c ist falsch: Sie müssen keine Ersatzteile bestellen. Die Werkstatt musste Ersatzteile bestellen.

Seite 9, Aufgabe 2 (Prüfungsaufgabe)
1 b; 2 c; 3 b; 4 a

Hören Teil 2

Seite 11, Aufgabe 1
Nachrichten: 3; Wetterbericht: 2; Verkehrsmeldung: 1; Veranstaltungen: 5; Programmhinweis: 4

Seite 11, Aufgabe 2a und 2b
b

Seite 12, Aufgabe 3 (Prüfungsaufgabe)
5 b; 6 a; 7 c; 8 a; 9 b

Seite 13, Schritt 2
b kälter = sinkende Temperaturen

Hören Teil 3

Seite 14, Aufgabe 1a
1. richtig
2. falsch

Seite 14, Aufgabe 1b
1. a
2. b

Seite 15, Aufgabe 2 (Prüfungsaufgabe)
10 falsch, 11 a; 12 falsch, 13 c, 14 falsch; 15 a, 16 richtig, 17 c

Hören Teil 4

Seite 17, Aufgabe 1
Vorschläge:
1. *Benzin sparen, die Umwelt schützen, …*
2. *Energie sparen, Strom sparen, …*
3. *Wasser sparen, …*

Seite 17, Aufgabe 2
Hörtext 1 handelt vom Umweltschutz: 1. b.
Hörtext 2 handelt von den Neuen Medien: 2. a.

Seite 18, Aufgabe 3 (Prüfungsaufgabe)
18 f; 19 a; 20 c

Lesen Teil 1

Seite 23, Aufgabe 1
zur Meldestelle

Seite 23, Aufgabe 2
hr fernsehen

Seite 24/25, Aufgabe 3 (Prüfungsaufgabe)
21 c; 22 b; 23 c; 24 b; 25 b

Lesen Teil 2

Seite 27, Aufgabe 1
1 b; 2 e; 3 d; 4 c; 5 a

Seite 27, Aufgabe 2
b

Seite 28/29, Aufgabe 3 (Prüfungsaufgabe)
26 e; 27 f; 28 d; 29 c; 30 x

Lesen Teil 3

Seite 31, Aufgabe 1
Beispiel:
Thema: *Wichtige Informationen zum Schulbeginn, Schulen werden renoviert, Unterricht fällt nicht aus, …*

Seite 31, Aufgabe 2
„Die Kinder werden auf andere Schulen im Umland verteilt."

Seite 31, Aufgabe 3
richtig

Seite 32/33, Aufgabe 4 (Prüfungsaufgabe)
31 richtig, 32 a, 33 falsch, 34 b, 35 richtig, 36 c

Lösungen

Lesen Teil 4

Seite 36, Aufgabe 1
Beispiel:
- Karte sperren: *Man hat die Karte verloren, niemand soll Geld mit der Karte abheben können, man lässt die Karte sperren, …*
- Sperrung: *Karte sperren lassen, …*
- Sperr-Notruf: *Rufen Sie den Notruf sofort an!*
- Sprachcomputer: *Computer, mit dem man „sprechen" kann …*
- Anzeige erstatten: *zur Polizei gehen, …*

Seite 36, Aufgabe 2
falsch

Seite 37, Aufgabe 3 (Prüfungsaufgabe)
37 richtig; 38 falsch; 39 falsch

Seite 38, Schritt 1
Vorschläge: *Informationen zur Kündigung des Handy-Vertrags; Was ist wichtig beim Kündigen des Handy-Vertrags; …*

Lesen Teil 5

Seite 39, Aufgabe 1
- Sehr geehrte Damen und Herren,
- Mit freundlichen Grüßen
- Liebe Frau Schmidt,
- Viele Grüße
- Sehr geehrter Herr Bauer,

Seite 40, Aufgabe 2 (Prüfungsaufgabe)
40 b; 41 b; 42 c; 43 a; 44 b; 45 c

Schreiben

Seite 42, Aufgabe 1
6 – 4 – 3 – 2 – 7 – 1 – 5

Liebe Frau Maier,

meine Tochter Sakena kann diese Woche nicht in die Schule kommen, weil sie Grippe hat. Bitte rufen Sie mich wegen der Hausaufgaben an.

Vielen Dank.

Viele Grüße
Samira Berger

Seite 43, Aufgabe 2
1. d; 2. b; 3. a; 4. c; 5. f; 6. e

Seite 43, Aufgabe 3
Beispiel:

Sehr geehrte Damen und Herren,

Ihre Anzeige habe ich mit Interesse gelesen. Ich interessiere mich sehr für die Wohnung.
Allerdings habe ich noch einige Fragen: Könnten Sie mir mitteilen, wie hoch die Nebenkosten sind? Außerdem würde ich gerne wissen, ob die Wohnung zentral liegt.
Gerne würde ich einen Termin ausmachen, um die Wohnung zu besichtigen. Ich würde mich freuen, wenn Sie mir einen Termin vorschlagen könnten, gerne schon diese Woche. Nachmittags habe ich immer Zeit.

Vielen Dank für eine Antwort.

Mit freundlichen Grüßen

Seite 44, Aufgabe 4 (Prüfungsaufgabe)
Beispiel für eine sehr gute Leistung:
Aufgabe A:
Liebe Frau Schuster,

leider kann ich diese Woche nicht zum Deutschkurs kommen. Ich habe eine Grippe und war auch schon beim Arzt. Der Arzt hat mich bis Ende dieser Woche krankgeschrieben. Bitte entschuldigen Sie mein Fehlen. Nun wollen Sie im Kurs nächste Woche einen Modelltest zur Deutschprüfung machen. Ich möchte den Test gerne mitmachen. Können Sie mir Tipps geben, wie ich zu Hause lernen kann? Gibt es Material, mit dem ich arbeiten kann? Ich hoffe, dass ich nächste Woche wieder im Deutschkurs sein kann.

Vielen Dank für eine Antwort.

Viele Grüße

Aufgabe B:
Sehr geehrte Frau Weimann,

am 12. April zwischen 8 und 12 Uhr kommen die Wasserwerke zu uns ins Haus. Leider bin ich vormittags nicht zu Hause, weil ich arbeiten muss.
Könnten Sie die Firma in meine Wohnung lassen? Sonst müsste ich Urlaub nehmen und das würde im Moment sehr schlecht gehen. Ich kann Ihnen den Wohnungsschlüssel in den Briefkasten legen oder ihn bei Ihnen persönlich abgeben. Sagen Sie mir Bescheid?

Vielen Dank für Ihre Hilfe.

Mit freundlichen Grüßen

Lösungen

Sprechen Teil 1

Seite 50, Aufgabe 1a
Beispiel:
Guten Tag, mein Name ist Erkan Demirel. Ich wohne in Hamburg und bin verheiratet. Ich komme aus der Türkei, und bin in Istanbul geboren. Leider habe ich im Moment keine Arbeit. Ich bin von Beruf Busfahrer und möchte gern wieder als Busfahrer arbeiten. Ich habe ein Kind. Meine Familie wohnt auch in Hamburg. Ich spreche Türkisch, außerdem ein bisschen Englisch und Deutsch.

Seite 51 (Prüfungsaufgabe)
Beispiel eines Prüfungsdialoges:

P: *Guten Tag, mein Name ist Sandra Berger und das ist mein Kollege, Hermann Stark. Erzählen Sie uns doch zuerst etwas von sich.*

TN: *Ja, guten Tag, mein Name ist Erkan Demirel. Ich wohne in Hamburg, bin verheiratet und habe eine Tochter.*

P: *Und woher kommen Sie?*

TN: *Ich komme aus der Türkei. Ich bin in Istanbul geboren und lebe jetzt seit zwei Jahren in Hamburg. Ich bin nach Deutschland gekommen, weil meine Familie hier schon lange wohnt. Ich habe im Moment leider keine Arbeit, will erst gut Deutsch lernen, aber ich möchte gern als Busfahrer arbeiten.*

P: *Interessant. Wie kamen Sie auf diese Idee?*

TN: *In der Türkei habe ich schon als Busfahrer gearbeitet, das macht mir Spaß. Ich arbeite gern mit Menschen, ich bin auch gern unterwegs.*

P: *Können Sie uns noch etwas zu Ihrer Familie erzählen?*

TN: *Ja, ich habe schon gesagt, ich habe eine Tochter, Yasemin, sie ist sechs Jahre alt. Meine Frau besucht auch einen Deutschkurs. Später, wenn sie gut Deutsch spricht, möchte sie in einem Hotel arbeiten. Ach ja, und Sprachen … ich habe in der Türkei auch schon etwas Englisch gelernt. Das war ganz gut am Anfang, viele deutsche Wörter konnte ich dann besser verstehen.*

P: *Welche Sprache sprechen Sie zu Hause?*

TN: *Wir versuchen beide Sprachen, Deutsch und Türkisch. Wir finden es wichtig, dass Yasemin beide Sprachen lernt.*

Sprechen Teil 2

Seite 53, Aufgabe 1
Beispiel:
Das Bild zeigt:
Staus in der Stadt. Problem: Es gibt zu viele Autos. Fahrrad fahren ist gefährlich.

Seite 54/55 Prüfungsaufgabe
(Teilnehmer A hat Foto mit dem Spiel, Teilnehmerin B das Fernsehfoto)

TN A
Beispiel eines Prüfungsdialoges:

TN: *Auf dem Foto sehe ich eine Familie, Vater, Mutter und drei Kinder. Sie sitzen gemütlich auf dem Sofa und spielen ein Spiel. Sie sind zusammen und haben Spaß beim Spielen. Sie sind gespannt, wer gewinnt. Alle finden das Spiel toll. Ich kenne das Spiel. Wir haben es auch zu Hause.*

P: *Spielen Sie viel zu Hause?*

TN: *Ja, wir spielen oft Uno, Kartenspiele, das macht Spaß. Aber meine Frau ärgert sich immer, wenn sie verliert. Meine Tochter kann dabei schon mitspielen, sie ist sechs Jahre alt.*
Bei schönem Wetter sind wir aber lieber draußen im Garten bei Freunden oder im Park, auch als ganze Familie. Wir haben dann Spiele mit für draußen, Bälle und so weiter. Das ist auch für die Kinder sehr schön. Das kenne ich aus meiner Heimatstadt, dass wir oft bis spät abends zusammen sind und erst nach Hause gehen, wenn die Kinder ins Bett müssen.

P: *Gibt es auch Spiele in Ihrem Land, die man in Deutschland nicht kennt?*

TN: *Ja, Tavla.*

P: *Das ist wie Backgammon oder?*

TN: *Ich weiß nicht, man hat Steine, man würfelt, am Schluss müssen die Steine weg sein. Aber das Spiel ist sehr schnell, unsere Tochter ist dafür noch zu klein.*

P: *Sehen Sie auch viel fern?*

TN: *Ja. Fernsehen ist gut, wir sehen nicht nur türkisches Fernsehen, sondern auch deutsche Programme, zum Beispiel den Kinderkanal. Da kann man gut lernen. Das sehen wir oft zusammen, damit unser Kind nicht alleine fernsehen muss.*

TN B
Beispiel eines Prüfungsdialoges:
TN: *Auf dem Foto ist eine Familie, Mutter, Vater und Kind, sie sitzen vor dem Fernseher. Alle sehen zusammen fern. Die Frau hat die Fernbedienung in der Hand. Ich glaube, sie sehen Sport.*

P: *Kennen Sie das auch?*

TN: *Ja natürlich. Ich liebe Serien und sehe abends gerne Spielfilme, mein Mann mag Krimis, Sport und politische Sendungen, das gefällt mir nicht so gut. Wir sehen gerne auch deutsche Sendungen, das Fernsehen hier ist besser als in Spanien, weil es weniger Werbung gibt.*
Aber wir gehen auch gerne abends aus, Freunde besuchen, ins Kino, ins Café.

P: *Spielen Sie auch abends zusammen?*

TN: *Zu Hause spielen wir manchmal ein Spiel, da muss man Münzen in Löcher werfen. Dann bekommt man Punkte. In meiner Heimat habe ich oft Pelota gespielt. Das ist ein Ballspiel, dafür braucht man eine Halle. Das kann man hier in Deutschland leider nicht spielen.*

P: *Gibt es noch andere Unterschiede?*

TN: *Ja, natürlich. Bei uns lädt man viel öfter Leute ein oder Leute kommen einfach so zu Besuch. Man geht auch öfter raus, In Kneipen, Cafés, sitzt nicht so viel zu Hause wie hier. Das ist ganz anders.*

P: *Was machen Sie abends am liebsten?*

TN: *Also von allem am liebsten treffe ich Freunde und Familie. Ich koche auch so gerne und lade Freunde ein. Das macht Spaß.*

Sprechen Teil 3

Seite 57, Aufgabe 1
Mögliche Vorschläge
- Wann? Am Wochenende / im Kurs
- Wo? Kursraum / zu Hause
- Geschenk? Süßes/Karte/Buch

Seite 58, Prüfungsaufgabe
Beispiel eines Prüfungsdialoges:
TN A: *Hallo, ich bin Erkan Demirel.*

TN B: *Und mein Name ist Miren Rodriguez.*

TN A: *Wollen wir „du" sagen?*

TN B: *Ja, klar.*

TN A: *Miren, der Kurs ist bald vorbei und alle wollen ein Fest machen. Und wir sollen zusammen etwas kochen für die Party. Hast du eine Idee?*

TN B: *Ich denke an eine Spezialität aus Spanien. Paella.*

TN A: *Was ist das?*

TN B: *Reis mit Fleisch oder Fisch.*

TN A: *Ich weiß nicht, ob alle Fleisch essen. Ich glaube nicht. Was hältst du von einer Suppe. Ich kann eine Linsensuppe machen. Lecker.*

TN B: *Ja, das finde ich gut. Dann mache ich Paella mit wenig Fleisch, du machst eine Suppe.*

TN A: *Und wer kauft ein?*

TN B: *Das können wir zusammen machen, oder?*

TN A: *Ja, gute Idee. Die Getränke kann ich holen, ich habe ein Auto.*

TN B: *Toll. Was holen wir alles? Ich schlage vor, Säfte, Wasser und vielleicht eine Flasche Sekt.*

TN A: *Warum nicht. Einverstanden. Wie viel Geld wollen wir ausgeben?*

TN B: *Naja, kaufen wir nicht zu viel. Die anderen bringen bestimmt auch etwas mit. Das Essen ist nicht teuer. Das kann ich bezahlen.*

TN A: *Die Suppe kostet auch nicht viel. Und die Getränke hole ich, ist auch ok. Das gebe ich aus.*

TN B: *Super. Hast du eigentlich schöne Musik aus der Türkei? Ich bringe Musik aus Spanien mit.*

TN A: *Gute Idee. Und einen CD-Spieler gibt es ja.*

TN B: *Vielleicht hat jemand ein Instrument? Selbst Musik machen ist schöner.*

TN A: *Kannst du etwas spielen?*

TN B: *Nein, du?*

TN A: *Nein, auch nicht. Ich glaube Tatjana und Ewa können Gitarre spielen. Ich rufe sie mal an.*

Wortschatz

Informationen zur Person

1.
   1. vorstellen
   2. freut mich
   3. arbeite
   4. von Beruf
   5. Stelle

2.
   1. ● Leider
   2. ▶ schade
   3. ● umziehen
   4. besuchen
   5. ▶ gern
   6. Gute

4. Beispiele:
   1. Wann sind Sie / bist du geboren?
   2. Was ist Ihre/deine Nationalität? Woher kommen Sie / kommst du?
   3. Sind Sie / Bist du verheiratet?
   4. Haben Sie / Hast du Geschwister?
   5. Haben Sie / Hast du Kinder?
   6. Wie alt ist Ihre / deine Mutter?
   7. Welche Sprachen sprechen Sie / sprichst du?

5. 2. Großvater; 3. Schwester; 4. Nichte; 5. Cousin; 6. Tante; 7. Schwiegermutter; 8. Schwager; 9. Tochter; 10. Junge

6. 1. Onkel; 2. Schwägerin; 3. Schwager; 4. Tante; 5. Cousin; 6. Cousine; 7. Schwiegereltern; 8. Geschwister; 9. Neffe

7. 1. Staatangehörigkeit; 2. ledig; 3. allein; 4. Freundin; 5. Scheidung

Wohnen

1. Beispiele:
   Wohnzimmer: das Bücherregal, die Couch, der Fernseher, das Sofa, der Sessel, der Stuhl, der Tisch
   Schlafzimmer: das Bett; der Spiegel, der Kleiderschrank
   Küche: das Geschirr, der Herd, die Kaffeemaschine, der Kühlschrank, die Mikrowelle, die Waschmaschine
   Bad: die Dusche, das Waschbecken

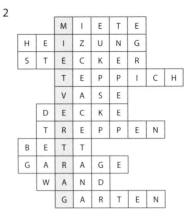

Lösung: (der) Mietvertrag

3. in eine Wohnung: einziehen
   den Fernseher: einschalten, ausmachen
   die Waschmaschine: einschalten, ausmachen, öffnen
   das Fenster: öffnen
   den Mietvertrag: kündigen

4. 1. MM; 2. Blk.; 3. Wfl.; 4. Zi; 5. m²; 6. EBK; 7. KT; 8. EG; 9. NK

5. Beispiele:
   1. Ist die Wohnung noch frei?
   2. Wie groß ist die Wohnung?
   3. Wie hoch ist die Kaution?
   4. Wie hoch sind die Nebenkosten?
   5. Wie weit ist es bis zur U-Bahn? / Ist die U-Bahn weit entfernt?
   6. Wann kann ich die Wohnung besichtigen?

6. 1. b der Hausmeister; 2. a das Kinderzimmer; 3. d die Mülltonne; 4. e das Treppenhaus; 5. c der Dachboden, 5. a das Dachzimmer

Arbeit

1. Beispiele:
   Der Arzt untersucht Patienten / kranke Menschen.
   Die Lehrerin unterrichtet Schüler.
   Die Sekretärin schreibt Briefe.
   Der Taxifahrer fährt Menschen.
   Der Handwerker repariert Sachen.
   Die Verkäuferin verkauft Waren.
   Der Informatiker entwickelt Software.
   Der Kellner bedient Menschen.
   Die Krankenschwester pflegt kranke Menschen/Patienten.
   Der Friseur schneidet Haare.
   Der Automechaniker repariert Autos.

Lösungen

Der Kioskbesitzer verkauft Zeitschriften.
Die Reinigungskraft putzt Gebäude.

2 Beispiele:
1. *Fahrer/in, Lastwagen- oder Lastkraftwagen- oder Kraftwagenfahrer/in, Lokführer/in*
2. *Krankenschwester, Krankenpfleger, Apotheker/in*
3. *Zimmermädchen, Kellner/in*
4. *Kindergärtner/in*
5. *Verkäufer/in*
6. *Beamte/r*

3 1. g; 2. c; 3. a; 4. e; 5. d; 6. h; 7. f; 8. b

4a 2. d Überstunden; 3. b Betriebsrat; 4. c Werkstatt; 5. a Abteilungsleiter

4b 1. Abteilungsleiter; 2. Überstunden; 3. Betriebsrat; 4. Werkstatt; 5. Landwirtschaft

5 2. Schichtarbeit; 3. Gewerkschaft; 4. Kündigung; 5. Aushilfe; 6. angestellt; 7. Rente; 8. Praktikum; 9. Teilzeit; 10. Streik

6 2. herstellen; 3. Betrieb; 4. Gehalt

7a 1. Kiosk; 2. Genehmigung; 3. Konkurrenz

7b 1. haben; 2. zubereiten; 3. brauchen; 4. haben

8 die Rentenversicherung; das Bruttogehalt; die Sozialversicherung; die Lohnsteuer; die Kirchensteuer

Arbeitssuche

1a 2. d Zeitarbeitsfirma (oder 2. e Zeitarbeitsstelle); 3. b Stundenlohn; 4. i Stellenanzeigen; 5. f Urlaubsvertretung; 6. e Halbtagsstelle; 7. c Berufserfahrung; 8. a Vorstellungsgespräch; 9. h Lebenslauf

1b 1. Vorstellungsgespräch; 2. Zeitarbeitsfirma; 3. Stundenlohn; 4. Nebenjob; 5. Stellenanzeigen; 6. Berufserfahrung

2 Anzeige; Stelle; Arbeitszeit; Nachtschicht

3 1. f; 2. a; 3. d

4 2. zuverlässig; 3. flexibel; 4. fleißig; 5. freundlich

Mediennutzung

1 1. g; 2. i; 3. c; 4. b; 5. a; 6. e; 7. f; 8. d; 9. h

2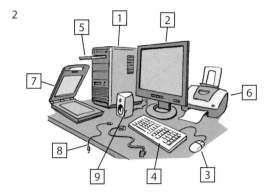

3 1. ausschalten; 2. verbinden; 3. surfen; 4. arbeiten

4 Beispiel:
Zuerst schalte ich den Computer ein. Dann öffne ich eine neue Datei. Ich schreibe meinen Text und drucke den Text. Dann schließe ich die Datei, vergesse aber nicht, sie zu speichern. Am Schluss schalte ich den Computer aus.

5 Preise vergleichen
Informationen bekommen
Waren kaufen/bestellen
Leute kennen lernen
Radio hören
Deutsch lernen/hören

6 1. finde; 2. weiß; 3. Meinung; 4. Vorteile; 5. gefällt

7 1. Radio; 2. Sendungen; 3. Tageszeitung; 4. Buch; 5. fern; 6. informiert; 7. Zeitschriften; 8. Internet

Mobilität

1 2. das Fahrrad; 3. die Straßenbahn; 4. die U-Bahn; 5. das Flugzeug; 6. das Schiff; 7. die Fähre; 8. das Motorrad; 9. der Zug

2

			F	A	H	R	K	A	R	T	E	
	Z	U	R	Ü	C	K						
A	B	F	A	H	R	T						
		V	E	R	S	P	Ä	T	U	N	G	
		G	L	E	I	S						
		B	A	R								
		U	M	S	T	E	I	G	E	N		
G	E	P	Ä	C	K							
			H	A	L	T	E	S	T	E	L	L	E
		B	E	N	Z	I	N					
	A	B	B	I	E	G	E	N				
H	A	F	E	N								

Lösungen

3 1. Geschwindigkeitsbeschränkung; 2. Ampel; 3. Fußgängerzone; 4. Einbahnstraße; 5. Parkuhr; 6. Verkehrsmittel; 7. Stau; Umleitung

4 1. richtig; 2. falsch

5 1. b; 2. a; 3. c

Gesundheit

1 der Kopf – die Köpfe, das Bein – die Beine, das Knie – die Knie, die Nase – die Nasen, das Ohr – die Ohren, das Haar – die Haare, der Arm – die Arme, der Hals – die Hälse, der Finger – die Finger, der Zahn – die Zähne, das Auge – die Augen

2 Beispiele
1. hören: die Ohren
2. lesen: die Augen
3. schreiben: die Hand
4. sprechen: der Mund, die Zunge
5. essen: der Mund, die Zunge
6. laufen: die Füße, die Beine
7. riechen: die Nase
8. schwimmen: die Arme, die Beine, der Rücken, der Körper

3 1. müde; 2. ruhig/gelassen; 3. gesund/heil; 4. lachen; 5. einschlafen; 6. schwitzen; 7. durstig; 8. Ruhe/Nervosität; 9. sich gut/wohl fühlen; 10. schwach

4 1. die Drogerie; 2. das Rezept; 3. die Operation; 4. das Pflaster; 5. das Verbandszeug

5 1. Versichertenkarte; 2. Praxisgebühr; 3. Sprechstunde; 4. Krankschreibung; 5. Krankenkasse; 6. Überweisung; 7. Rezept; 8. Apotheke

6 1. b; 2. c; 3. b; 4. b

Aus- und Weiterbildung

1 1. der Schulabschluss; 2. die Prüfung; 3. die Lehre; 4. das Zeugnis; 5. das Praktikum; 6. die Universität; 7. das Semester; 8. die Berufsschule

2 1. Ausbildung; 2. werden; 3. Weiterbildung; 4. Erfahrungen

3 7 – 1 – 5 – 3 – 6 – 2 – 4 – 8

4 1. c; 2. e; 3. a; 4. f; 5. h; 6. g; 7. b; 8. d

5 1. falsch; 2. b

Betreuung und Ausbildung der Kinder

1 1. das Gymnasium; 2. der Schulabschluss; 3. das Abitur; 4. das Zeugnis; 5. die Realschule; 6. der Unterricht; 7. das Lieblingsfach; 8. die Hausaufgaben; 9. die Lehrerin; 10. die Note

2 Biologie, Chemie, Englisch, Erdkunde, Geschichte, Mathematik, Musik, Physik

3 2. der Ordner; 3. die Tafel; 4. das Heft; 5. der Marker; 6. der Schwamm; 7. der Kugelschreiber; 8. der Rucksack; 9. der Radiergummi; 10. das Buch

4 eine Ausbildung: beenden, bekommen, machen
eine Lehre: beenden, machen
eine Prüfung: machen
ein Zeugnis: bekommen, mitbringen
an einem Kurs: teilnehmen
einen Abschluss: bekommen, machen

5 1. Kindergarten; 2. Tagesmutter; 3. Spielplatz; 4. Nachhilfe; 5. Elternabend; 6. Elternbeirat

6 1. Grundschule; 2. Gymnasium; 3. Gesamtschulen; 4. Ganztagsschulen; 5. Ausbildung; 6. Berufsschule; 7. Universität

Einkaufen

1 das Bügeleisen, das Geschirr, der Hammer, die Kaffeemaschine, der Kühlschrank, der Nagel, die Pfanne, die Schere, die Schüssel, der Staubsauger, die Teekanne, das Werkzeug

2 Beispiele:
In der Bäckerei:
– Brot: Schwarzbrot, …
– Kuchen: Torte, Kekse, …
In der Metzgerei:
– Fleisch: Lammfleisch, Kalbfleisch, …
– Wurst: Salami, …

3 1. b; 2. b; 3. a; 4. a; 5. c; 6. a

4 1. Kredit; 2. ausgehen; 3. Autohaus; 4. Transport

5 geliefert; MwSt; Gesamtbetrag; fällig; Überweisung; Angabe

6 1. Mahnung; 2. Kündigung; 3. Bestätigung; 4. Überweisung; 5. Lieferung

Lösungen

Essen und Trinken

1. Milchprodukte: Butter, Käse, Milch, Sahne, (Pudding, Eis, Schokolade)
   Obst: Bananen, Äpfel, Birnen, Apfelsinen, Zitronen, (Melonen)
   Gemüse: Kartoffeln, Zwiebeln, Karotten, Tomaten, Melonen
   Wurst und Fleischprodukte: Schinken, Salami, Geflügel, Hähnchen, Rindersteak
   Gewürze: Knoblauch, Salz, Pfeffer
   Backwaren: Kuchen, Brötchen, Brot
   Süßigkeiten: Eis, Schokolade, Pudding, (Kuchen)
   Getränke: Bier, Apfelsaft, Wein, Mineralwasser

2. 1. das Käsebrötchen; 2. das Erdbeereis; 3. der Apfelkuchen; 4. der Orangensaft; 5. die Wassermelone; 6. die Tomatensauce

3. Butter: ein Stück
   Schokolade: eine Tafel; ein Stück; (ein Glas: heiße Schokolade)
   Wasser: ein Glas, eine Flasche, eine Dose, ein Kasten
   Zucker: ein Stück, ein Päckchen

4. Beispiele:
   süß: Kuchen, Schokolade, Eis, Pudding; Marmelade, Äpfel, Erdbeeren, …
   sauer: Zitrone, Sauerkraut, Essig, …
   fett: Wurst, Fleisch, Öl, …
   scharf: Paprika, Pfeffer, Chili, …

5. 1. bestellt; 2. fett; 3. Beilage; 4. vegetarische; 5. Nachtisch

6. 2. d; 3. a; 4. e; 5. c

Ämter und Behörden

1. 1. b; 2. i; 3. a; 4. h; 5. g; 6. e; 7. d; 8. c; 9. f

2. die Steuererklärung: abgeben, ausfüllen
   ein Formular: ausfüllen, abgeben
   einen Ausweis: verlängern lassen, beantragen, abgeben
   einen Antrag: stellen, ausfüllen, abgeben

3. 1. zuständig; 2. eintragen; 3. Frist; 4. unbefristet; 5. ablehnen; 6. Bescheid

4. Polizei: jemanden festnehmen, Spuren suchen, Zeugen suchen, jemanden verhaften
   Opfer: die Polizei rufen, Zeugen suchen, den Täter anzeigen
   Täter: einbrechen, schuld sein

5. 1. schuld; 2. beweisen; 3. Zeugen; 4. Gerichtsverhandlung; 5. Urteil; 6. Rechtsanwalt

6. 1. b; 2. a; 3. b; 4. c; 5. a

Banken, Post und Versicherungen

1. ausgeben, abheben, sparen, einzahlen, überweisen

2. 1. ec-Karte, Geldautomaten; 2. Konto; 3. Bankleitzahl; 4. Kredit; 5. Zinsen

3. 1. Geldscheine; 2. Kontoauszug; 3. Raten; 4. Geheimzahl; 5. Bargeld; 6. Bankleitzahl; 7. Münzen; 8. sparen
   Lösungswort: Guthaben

4. 1. Briefkasten; 2. Absender; 3. Porto; 4. Empfänger; 5. Einschreiben; 6. Nachricht

5. 1. Hausratversicherung
   2. Rechtsschutzversicherung
   3. Haftpflichtversicherung

Wetter und Umwelt

1. der Regen, der Schnee, die Wolken, der Nebel, das Gewitter

2. 1. trocken; 2. kalt; 3. glatt; 4. kühl, heiß; 5. nass; 6. milder; 7. stark

3. 1. der Lärm; 2. der Wind; 3. der Berg; 4. die Sonnenenergie; 5. steigen; 6. sammeln

Sprachenlernen

1. 2. g; 3. d; 4. b; 5. a; 6. c; 7. e

2. Fragen: beantworten, stellen, schreiben, nachsprechen
   auf eine Frage: antworten
   Wörter: schreiben, nachsprechen
   über das eigene Lernen: schreiben, nachdenken

3. 1. a; 2. a; 3. a; 4. b; 5. a; 6. c; 7. b; 8. b

Lösungen

Modelltest 2

Hören

Teil 1
1 b; 2 c; 3 a; 4 c

Teil 2
5 a; 6 b; 7 c; 8 b; 9 a

Teil 3
10 falsch, 11 c; 12 falsch, 13 b; 14 richtig, 15 c; 16 falsch, 17 b

Teil 4
18 f; 19 a; 20 c

Lesen

Teil 1
21 a; 22 b; 23 a; 24 c; 25 b

Teil 2
26 c; 27 h; 28 e; 29 x; 30 d

Teil 3
31 richtig, 32 c; 33 richtig, 34 b; 35 richtig, 36 b

Teil 4
37 richtig; 38 richtig; 39 falsch

Teil 5
40 a; 41 c; 42 b; 43 c; 44 b; 45 a

Sprechen

Teil 2 A
TN A: Foto/Situation: Kinder vor dem Computer, neugierig, fröhlich
TN B: Foto/Situation: Kinder auf dem Spielplatz, konzentriert, aktiv

Teil 2 B
TN A:
Erfahrungen mit eigenen Kindern? Wenn nicht, Erfahrungen mit Kindern von Freunden? Wie ist das in Ihrem Heimatland? Gibt es Unterschiede?
Ihre Meinung zu dem Thema: Was meinen sie dazu, wenn Kinder Computer haben und damit spielen oder lernen? Wie viele Stunden sollen Kinder am Computer sitzen? Ist das gut oder schlecht? Vorteile? Nachteile?

TN B:
Erfahrungen mit eigenen Kindern? Wenn nicht, Erfahrungen mit Kindern von Freunden? Gibt es viele Spielplätze am Wohnort? Was spielen die Kinder am liebsten? Spielplatz besser als Computer?
Und wie ist das in Ihrem Heimatland, genau so, oder gibt es Unterschiede?

Teil 3
TN A/B:
– *Wohin?* in die Natur / an einen See / in eine Stadt
– *Wie lange?* Wann wieder zurück? Wann sich treffen? Den ganzen Tag? Von wann bis wann?
– *Wie reisen?* Fahrrad, Zug, Auto? Vorteile/Nachteile
– *Was dort machen?* Etwas besichtigen, Picknick, wandern, Rad fahren, schwimmen
– *Wer kümmert sich um was?* Was mitnehmen? Wer besorgt was?
– (…) Wie viel darf der Ausflug kosten?
– (…) Kommt sonst noch jemand mit?

Modelltest 3

Hören

Teil 1
1 c; 2 a; 3 b; 4 c

Teil 2
5 b; 6 a; 7 c; 8 b; 9 b

Teil 3
10 falsch, 11 b; 12 richtig, 13 b; 14 richtig, 15 a; 16 richtig, 17 c

Teil 4
18 f; 19 c; 20 d

Lesen

Teil 1
21 b; 22 a; 23 b; 24 c; 25 a

Teil 2
26 c; 27 b; 28 h; 29 x; 30 g

Teil 3
31 richtig, 32 c; 33 falsch, 34 b; 35 richtig, 36 b

Teil 4
37 falsch; 38 richtig; 39 falsch

Lösungen

Teil 5
40 b; 41 c; 42 a; 43 c; 44 b; 45 a

Sprechen

Teil 2 A
TN A: Foto/Situation: Wohnen auf dem Land, vielleicht Vorort, ruhige Straße, alles ruhig, kein Stress
TN B: Foto/Situation: Wohnen in der Stadt, viele Autos, Menschen, Geschäfte

Teil 2 B
TN A/B:
Erfahrungen mit Wohnen: Wo wohnen Sie? Wie wohnen Sie? Wo würden Sie gern wohnen? Wie? Stadt/Land: Vorteile? Nachteile? Einkaufen, Verkehrsverbindungen, Ruhe/Stress
Situation im eigenen Land: anders als in Deutschland?

Teil 3
TN A/B:
- *Essen und Trinken?* Was? Selbst kochen oder Essen kaufen?
- *Wer kauft ein?* Eventuell Einkäufe aufteilen. A kauft etwas, B kauft etwas anderes. Wer hat Zeit?
- *Wer bezahlt wie viel?* Aufteilen? Oder auf dem Fest zusammenlegen? Jeder der Besucher gibt etwas?
- *Ideen für das Fest?* Musik? Spiele? Vielleicht kann man über Pläne für das Zusammenleben im Haus sprechen? Hinterhofbegrünung?
- *Was machen, wenn es regnet?* Kann man in einer Wohnung weiter feiern? Oder kann man eine Plane (Dach aus Plastik) besorgen?
- *(…) Wen einladen? Wie lange feiern?*

Modelltest 4

Hören

Teil 1
1 a; 2 b; 3 a; 4 a

Teil 2
5 c; 6 a; 7 b; 8 a; 9 a

Teil 3
10 falsch, 11 b; 12 richtig, 13 c; 14 falsch, 15 a; 16 richtig, 17 b

Teil 4
18 d; 19 b; 20 c

Lesen

Teil 1
21 a; 22 b; 23 a; 24 c; 25 a

Teil 2
26 x; 27 b; 28 f; 29 e; 30 d

Teil 3
31 richtig, 32 b; 33 falsch, 34 c; 35 richtig, 36 b

Teil 4
37 falsch; 38 richtig; 39 richtig

Teil 5
40 c; 41 b; 42 a; 43 c; 44 b; 45 c

Sprechen

Teil 2 A
TN A: Foto/Situation: Haushalt und Kinder, Mann mit Kind beim Kochen (Salat) – Mann kümmert sich um das Kind; beide haben Spaß.
TN B: Foto/Situation: Haushalt und Kinder: Frau mit Kindern beim Kochen. Stress/Hektik, Frau hat keine Ruhe.

Teil 2 B
TN A/B:
Eigene Erfahrungen? Haben Sie Kinder? Wer macht was im Haushalt?
Unterschiede zwischen Deutschland und dem Heimatland?

Teil 3
TN A/B: *Gemeinsam ein Fest vorbereiten.*
- *Wann?* An einem Wochenende? An einem Arbeitstags nach der Arbeit?
- *Wo?* Im Betrieb? In einem Restaurant?
- *Geschenk?* Welche Interessen/Hobbys hat die Mitarbeiterin? Was kann man ihr schenken? Buch/Gutschein (Kino, Theater) / eine Reise / … ?
- *Eine andere Überraschung?* Fotoband mit Porträts aller Kollegen/Kolleginnen? Musik? Theaterstück?
- *Wer wird eingeladen?* Auch Chef/Chefin? Nur Mitarbeiter der Firma? / Auch andere Personen?
- *…? Wer sagt der Kollegin Bescheid? Wer organisiert die Einladungen? …*